Ein Teil von mir

Silke Szymura

Ein Teil von mir

Die Trauer umarmen und weiterleben

Patmos Verlag

VERLAGSGRUPPE PATMOS

PATMOS
ESCHBACH
GRÜNEWALD
THORBECKE
SCHWABEN

Die Verlagsgruppe
mit Sinn für das Leben

Für die Verlagsgruppe Patmos ist Nachhaltigkeit ein wichtiger Maßstab ihres Handelns. Wir achten daher auf den Einsatz umweltschonender Ressourcen und Materialien.

Bibliografische Information der Deutschen Nationalbibliothek
Die Deutsche Nationalbibliothek verzeichnet diese Publikation in der Deutschen Nationalbibliografie; detaillierte bibliografische Daten sind im Internet über http://dnb.d-nb.de abrufbar.

ein Unternehmen der Verlagsgruppe Patmos
in der Schwabenverlag AG, Ostfildern
www.patmos.de

Umschlaggestaltung: Finken & Bumiller, Stuttgart
Gestaltung, Satz und Repro: Schwabenverlag AG, Ostfildern
Lektorat: Andrea Langenbacher, www.andrealangenbacher.de
Druck: CPI books GmbH, Leck
Hergestellt in Deutschland
ISBN 978-3-8436-1083-4

Inhalt

Vorwort

Fünf Jahre ist es her, dass Julian, mein Freund und Lebenspartner, ganz unerwartet neben mir umkippte und starb. Er war damals 29, ich 30 Jahre alt. Fünf Jahre lebe ich nun dieses neue Leben. Und das ist es wirklich: ein neues Leben. Meine Welt zerbrach in tausend Scherben und ich konnte nur daneben stehen und zusehen. Ich hatte keine Ahnung, was alles auf mich zukommen und wie tiefgreifend dieser Verlust mein Leben verändern würde. Wie sollte ich mit dieser Erfahrung jemals wieder nach vorne schauen können? Ohne Julian leben? Ich konnte, nein, ich wollte es mir nicht vorstellen.

Heute möchte ich nicht mehr zurück in mein altes Leben. Das mag erst einmal verwunderlich klingen. Bin ich etwa froh, dass er gestorben ist? Habe ich ihn womöglich vergessen? Nein, im Gegenteil. Er ist und bleibt ein wichtiger Teil meines Lebens. Niemals würde ich unsere gemeinsame Zeit missen wollen. Auf eine Art bleibt es traurig, dass er nicht mehr hier ist. Und zugleich ist da eine tiefe Dankbarkeit, dass wir uns in diesem Leben begegnet sind. Meine Liebe zu ihm ist geblieben und hat sich zugleich gewandelt. In diesen fünf Jahren bin ich durch so viel Trauer und Schmerz gegangen, dass ich zwischendurch immer wieder dachte, ich kann es nicht schaffen, nicht aushalten, nicht wieder zurückfinden ins Leben. Ich war herausgefallen aus der Welt und habe lange nach einer Möglichkeit gesucht, wieder einzusteigen. Doch noch während ich am Boden lag und nicht daran glaubte, dass es jemals wieder besser werden könnte, war ich längst auf dem Weg. Für mich persönlich gehörte es dazu, all diese Gefühle zu fühlen und mir die Zeit zu nehmen, die ich brauchte. Auch wenn ich es manchmal in all der Hoffnungslosigkeit kaum aushielt. Irgendwann wurde es tatsächlich besser und dann sogar wieder auf ganz neue Art wirklich gut. Heute bin ich nicht nur dankbar für die gemeinsame Zeit, sondern auch für den Weg, den ich seitdem gehen darf. Ein Weg, den ich niemals gegangen wäre, wäre Julian nicht gestorben. Das heißt nicht, dass es toll ist, dass er gestorben ist. Es heißt nur, dass etwas Gutes daraus entstehen durfte, obwohl es so schrecklich war. Ich bin heute eine andere und die Silke, die ich vor fünf Jahren war, möchte ich nicht mehr sein.

So sitze ich nun hier und schreibe dieses Buch. Es ist ein Buch, das vor allem auf die Jahre nach dem ersten Trauerjahr schauen möchte. Ein Buch aus meiner heutigen Sicht auf die Trauer, die für mich eine gute Freundin geworden ist. Da ist so viel Frieden, dass ich es manchmal selbst kaum glauben kann. Immer wieder höre ich, wie Menschen sagen, dass es nur darum gehen könne, irgendwie mit der Trauer zu leben, sich eben an den Schmerz zu gewöhnen. Ich habe das auch gedacht. Doch inzwischen sehe ich es anders. Die Trauer darf zu einer liebevollen Begleiterin werden, sie darf ganz sanft werden und sich irgendwann weit zurückziehen. Das kann geschehen, ohne dass wir unsere lieben Verstorbenen vergessen. Die Liebe darf weiter fließen und wandelt sich. Die Erinnerung an unsere Lieben, die vor uns gegangen sind, wird immer bleiben. Gleichzeitig darf das Leben wieder ganz neu schön werden. Vielleicht sogar auf eine bestimmte Art lebendiger, tiefer, freier.

Heute habe ich eine ganz andere Sicht auf das, was geschehen ist. Und mit jeder neuen Erfahrung kann sich diese Sicht weiter verändern. Auf eine Art schreibt sich die Geschichte auch rückwärts immer wieder neu. Zugleich weiß ich, wie schwer es zu Beginn des Weges ist, auch nur ansatzweise daran zu glauben, dass eine versöhnte Perspektive auf das Geschehene möglich ist. Eine vielleicht ganz friedliche Sicht auf diesen Tod, der mir gerade erst einen lieben Menschen genommen hat. Wenn ich darüber schreibe, dann möchte ich immer auch Raum schaffen für den Schmerz, der zu all dem dazugehört. Ich habe selbst lange gekämpft, gesucht, gelitten und mich unterwegs immer wieder selbst verloren. Aber ich habe nicht aufgegeben und mich und auch meine Lebensfreude neu gefunden. Meine Erfahrungen, die ich auf diesem Weg gemacht habe, lasse ich immer wieder in dieses Buch einfließen.

Gemeinsam mit dir möchte ich erforschen, wie das nun eigentlich geht mit dieser Trauer. Wie kann sie ihren Platz in unserem Leben finden, vor allem über dieses besondere erste Jahr der Trauer hinaus? Wie geht es dann, wenn schon keiner mehr erwartet, dass wir noch trauern, und die Trauer dennoch weiterhin ihren Raum haben möchte? Ich begebe mich mit dir auf diese Reise, um noch einmal zu reflektieren, was es eigentlich war, das für mich zu dieser Akzeptanz geführt hat, mit der ich heute auf Julians Tod blicken kann. Ich stehe hier, um dir zu sagen, dass es möglich ist, und zugleich weiß ich, dass wir alle unsere ganz eigenen Wege gehen. Deshalb kann ich dir keine Bedienungsanleitung für deine Trauer geben. Ich habe keinen genauen Plan, was du wann machen musst, um »gut« und womöglich schnell hindurchzukommen. Und ich glaube auch nicht, dass es einen solchen Plan gibt. Denn Trauer ist so individuell wie wir Menschen und das Leben selbst.

Mit diesem Buch möchte ich dich inspirieren für deinen ganz eigenen Weg. Ich teile mit dir, was für mich hilfreich war und was ich durch meine intensive Beschäftigung mit der Trauer erfahren habe. Aus diesen Erfahrungen heraus lade ich dich aus ganzem Herzen dazu ein, den Widerstand aufzugeben und dich Schritt für Schritt ganz auf deine Trauer einzulassen. Denn sie ist eine liebevolle Begleiterin, auch wenn sie sich zunächst nicht so anfühlt. Sie ist eine wertvolle Fähigkeit unserer Seele, mit Verlusten umzugehen. Sie ist ein Teil von dir, ganz so wie auch dein geliebter Verstorbener für immer ein Teil von dir sein kann.

Genau aus dieser tiefen Verbindung und Liebe heraus ist es möglich weiterzugehen.
Es geht auf diesem Weg auch um die Frage, wer ich denn nun bin nach allem, was ich erlebt habe. Wer bin ich ohne den geliebten Menschen? Wer bin ich durch diese hautnahe Begegnung mit dem Tod geworden? Was ist der Sinn in all dem? Gibt es überhaupt einen? Was geschieht nach dem Tod, wo ist der Verstorbene jetzt? Und warum sind wir überhaupt hier und machen diese schmerzhaften Erfahrungen? All diese großen Fragen werden häufig mit aufgeworfen auf dem Weg der Trauer und werden ihren Platz in diesem Buch bekommen. Ich habe keine allgemein gültigen Antworten darauf, aber ich möchte dich dazu anregen, deine ganz eigenen Antworten zu finden.
Ich möchte in diesem Buch auch eine Brücke in diese andere Welt bauen, die neben oder eher in unserer existiert. Nach dem Tod eines geliebten Menschen öffnet sich häufig eine Tür dorthin. Viele Trauernde erhalten Zeichen, erleben besondere Begegnungen oder nehmen auf einmal die Dinge anders wahr. Doch das passt nicht in unsere vom Verstand regierte Welt, schnell bekommen wir Angst, verrückt zu werden.
Als Informatikerin existierten für mich lange Zeit lediglich die Dinge, die ich anfassen konnte oder die zumindest wissenschaftlich bewiesen waren. Ich glaubte an nichts – und erlebte es doch plötzlich ganz anders. Julian starb in Nepal, einem Land, in dem Spiritualität einen ganz natürlichen Platz im Leben hat. Wie die Menschen dort mit dem Tod umgehen, hat mir damals viel Kraft gegeben und mir zugleich immer wieder Angst gemacht. Mit wem kann ich darüber sprechen? Werde ich jetzt für verrückt gehalten? Bin ich es vielleicht sogar? Mich mit all diesen Fragen auseinanderzusetzen und meine ganz eigene Wahrheit zu finden, hat mir auf dem Weg zu meinem heutigen Frieden mit dem Tod sehr geholfen. Ich will und kann dir nicht sagen, wie es genau ist, wie diese andere Welt aussieht oder was

die eine große Wahrheit ist. Aber ich möchte gemeinsam mit dir den Raum für die Suche danach öffnen, gemeinsam schauen, welche neue Sicht auf das Leben vielleicht möglich ist und wie dir all das in deiner Trauer und damit in deinem Leben helfen kann.
Zu Beginn des Buches werden wir gemeinsam noch einmal auf den Tod deines geliebten Menschen und das erste Jahr danach schauen. Dann gehen wir von dort aus weiter. Wir erkunden, wie Trauer dauerhaft wirklich gelebt und gut integriert werden kann. Wie kann sie zu einer wertvollen Begleiterin werden? Und wie kann sie uns helfen, mit unserem geliebten Verstorbenen weiterhin in guter Verbindung zu bleiben? Dafür werden wir uns zunächst anschauen, welchen Raum die Trauer braucht und wie das in unserem Alltag aussehen kann. Danach gehen wir weiter und betrachten unseren Ausdruck der Trauer: Wie können wir das, was in uns ist, nach außen bringen, damit es uns nicht dauerhaft belastet? Im vierten Kapitel gehen wir gemeinsam in die Erinnerungen an unsere geliebten Verstorbenen. Wie können sie bewahrt werden und was bedeuten sie für unsere Verbindung mit ihm oder ihr? Wir schauen uns im nächsten Schritt an, was die Trauer als liebevolle Begleiterin wirklich ausmacht und wie sie zu einer wahren Freundin werden kann. Ganz besonders am Herzen liegt mir das sechste Kapitel, in dem es darum geht, wie die Verbindung zu unseren Verstorbenen über deren Tod hinaus bleiben und neu gelebt werden kann. Schließlich betrachten wir, was all das für dein Leben zu bedeuten hat und wie dieses neue Leben nun für dich aussehen kann. Ein Leben in Verbundenheit mit dem Verstorbenen. Ein Leben, das zugleich wieder ganz deins ist. Ein Leben, in dem die Trauer einen selbstverständlichen Platz hat und doch auch für den Moment ganz sanft in den Hintergrund treten kann.
In den Kapiteln wirst du immer wieder kleine Übungen finden, mit denen ich dich dazu einlade, das Geschriebene für dich per-

sönlich zu erforschen. Es geht um deinen Weg, um deine ganz eigene Wahrheit, und die kannst du letztendlich nur in dir selbst finden. Es bleibt dir überlassen, wie du mit den Übungen umgehst. Vielleicht möchtest du sie einfach lesen und auf diese Art auf dich wirken lassen. Vielleicht möchtest du sie direkt ausprobieren. Du kannst sie Schritt für Schritt selbst lesen und umsetzen. Vielleicht möchtest du sie dir auch von jemandem vorlesen lassen. Alles, was ich darin vorschlage, ist immer genau das: ein Vorschlag, eine Einladung. Nimm dir das heraus, was für dich gerade stimmig ist.

Ich spreche im Buch immer wieder von »dem Verstorbenen«. Selbstverständlich sind damit sowohl verstorbene Frauen als auch Männer gemeint. Eine geschlechtergerechte Sprache wäre an dieser Stelle so umständlich gewesen, dass sie das Lesen deutlich komplizierter gemacht hätte. Daher habe ich mich für die einfachere Variante entschieden.

Die Ordnung der Kapitel ergibt sich aus meinem eigenen Gefühl und Erleben. Sie bedeutet nicht, dass die Themen genau so auf deinem Weg auftauchen sollen oder werden. Vermutlich werden sie eher wild durcheinander vorhanden sein und sicherlich auch nicht erst nach dem ersten Jahr. Die Reihenfolge und die Trennung der Themen dienen lediglich der Struktur in diesem Buch, sie sollen nicht deine Trauer strukturieren. Denn in ihr darf alles gleichzeitig sein. Du kannst das Buch daher von Anfang bis Ende lesen oder wild durcheinander, ganz so, wie dich die Themen ansprechen und beschäftigen. Ich wünsche dir von Herzen, dass du darin ein paar Anregungen für deinen ganz eigenen Weg findest. Ich wünsche dir den Mut, diesen Weg zu gehen, und die Zeit, die du dafür brauchst. Es ist ein herausfordernder, schmerzhafter Weg und zugleich auch einer, in dem eine große Chance auf Heilung verborgen liegt.

Alles zum ersten Mal

Nach dem Tod eines geliebten Menschen steht die Welt still. Eben war da noch dieser lebendige Mensch mit einem Körper, mit dem ich ganz selbstverständlich reden, den ich anfassen und umarmen konnte. Selbst wenn er bereits lange krank war und es auf eine Art klar gewesen war, dass er sterben würde, war er doch in dieser Zeit noch anwesend, war er nach wie vor lebendig, wenn auch vielleicht bereits verändert. Und jetzt, nach dem Tod, ist da diese Lücke. Einfach ein Nichts. Der Mensch ist weg und es ist unbegreiflich, wie das überhaupt sein kann. Wie ist das möglich? Wo ist er jetzt hin? Wie kann es sein, dass jemand einfach so komplett verschwindet aus dieser Welt? Und wie kann es sein, dass die Welt sich trotzdem weiterdreht? Wie kann um mich herum alles so sein wie zuvor, obwohl dieser eine, so wichtige Mensch fehlt? Wie kann es sein, dass Menschen ihren ganz normalen Alltagstätigkeiten nachgehen? Einkaufen, lachen, streiten, ins Kino gehen? Wie kann es sein, dass Tage vergehen, Jahreszeiten wechseln, neue Lieder, Bücher, Filme veröffentlicht werden, obwohl mein geliebter Verstorbener sie nun gar nicht mehr hören und sehen kann? Wie kann es sein, dass die Sonne scheint, obwohl doch alles für immer düster und grau sein müsste? Wie kann all das sein? Wie kann es sein, dass er einfach weg ist, nicht mehr existent in dieser Welt?

Trauer braucht Zeit

Es kann nicht sein und ist doch so. Einen solchen Verlust in all seiner erbarmungslosen Realität können wir meist nicht auf einmal voll begreifen, ihn nicht im Moment des Todes ganz erfassen. Das ist wie ein Schutz unserer Psyche. Womöglich wäre es überhaupt nicht auszuhalten, wenn alle Gefühle sofort in ihrer vollen Wucht präsent wären, wenn alles auf einen Schlag gefühlt werden könnte. Auch unser Verstand kann es nicht direkt erfassen. Wir wissen, dass es geschehen ist, und wissen es zugleich doch auch nicht. Es kommt so vieles zusammen. Der Tod eines geliebten Menschen übersteigt zunächst unsere Kapazitäten. Der Mensch, der fehlt, der Tod, der so viele Fragen aufwirft. Vielleicht erlebst du in dieser Zeit, dass dieser Verlust alles infrage stellt, woran du zuvor geglaubt hast. Dein komplettes Weltbild hängt schief und du weißt nicht einmal, wie »gerade« eigentlich aussehen würde. Wo war noch einmal oben und unten? Alles ist plötzlich falsch, obwohl es bis vor Kurzem noch genau so richtig erschien. Tätigkeiten, die früher völlig normal waren, werden auf einmal zu fast unmöglichen Herausforderungen. Vielleicht erkennst du dich selbst nicht mehr wieder, hast keine Freude mehr an den Dingen, die sonst dein Leben bereicherten. All das ist ganz normal – sofern man hier überhaupt von »normal« sprechen möchte. Trauer ist etwas so Individuelles, dass jeder sie anders erlebt. Egal wie, Trauer braucht Zeit. Sowohl im Herzen als auch im Gehirn. Trauer hält sich weder an einen Zeitplan noch an irgendwelche Modelle, die wir für sie entworfen haben. Trauer ist einfach so, wie sie ist. Ich habe einmal gelesen: »In der Trauer hilft nur trauern.« Das sagt eigentlich alles. Wir können uns zwar mit unterstützenden Methoden beschäftigen, Bücher lesen, Gruppen aufsuchen, Sport treiben, uns ablenken, Gespräche führen (all das kann wirklich gut und wichtig sein, ich möchte es in keiner Weise abwerten) – doch letzten Endes will die Trauer gefühlt werden, so wie sie ist.

Wenn es dir auf dem Weg dorthin hilft, ihr erst einmal aus dem Weg zu gehen, ist auch das völlig in Ordnung. Unsere ganze Welt verändert sich und die Trauer selbst hilft uns dabei, alles in gerade noch erträglichen Schritten zu begreifen, zu durchfühlen, neu einzuordnen. So ist Trauer kein planbarer, linearer Prozess. Trauer kommt und geht in Wellen, mal groß wie ein Tsunami, mal sanft und leise.

Am Anfang des Weges können diese Wellen sehr gedämpft sein. Manchmal stellt sich eine absolute Gefühllosigkeit ein, auch später auf dem Weg. Ich habe mich in den ersten Wochen nach Julians Tod gefühlt, als befände ich mich in einem Wattebausch. Alles in mir und um mich herum war gedämpft. Sein Tod war schrecklich, ich war zu fast nichts fähig und doch war alles zunächst wie ein Traum. Ein schrecklicher Albtraum, aus dem ich sicher bald erwachen würde. Es konnte nicht sein, was nicht sein durfte. Irgendwann würde jemand kommen und mich aufwecken aus diesem Traum, und Julian und ich würden darüber lachen, dass ich das wirklich geglaubt hatte für den Moment. Es musste so sein. Doch es geschah nicht. Er blieb verschwunden. Tot. Ich brauchte viele kleine und größere Schritte, um die Endgültigkeit des Todes zu begreifen. Und erst im Laufe der Zeit wurde mir ganz langsam klar, was alles mit seinem Tod verknüpft war. Viele weitere Verluste, die noch folgen würden, ein ganzes Leben, das in Trümmern vor mir lag.

Trauer kommt und geht in Wellen, mal groß wie ein Tsunami, mal sanft und leise.

Das »Trauerjahr« ist vielen Menschen ein Begriff. Früher einmal war es die Zeit, in der die Angehörigen Schwarz trugen. Ein Jahr lang. Das sollte reichen, um den Verlust zu verarbeiten – so ist es zumindest in den Köpfen vieler Menschen verankert. Heute gibt es nicht einmal mehr dieses Trauerjahr. Es ist unüblich geworden, schwarz zu tragen. So ist Trauer in unserer Zeit fast unsichtbar geworden.

Trauernde fühlen sich oft mit der Erwartung konfrontiert, dass es nach ein paar Monaten wieder bergauf gehen sollte. Schließlich geht das Leben ja weiter. Zwar tut es das, doch nach dem Tod eines lieben Menschen bleibt die Welt auch gleichzeitig stehen. Bei schweren Verlusten reicht dieses eine Jahr meist nicht aus. Trauer braucht Zeit und sie ist nicht krankhaft, wenn sie nicht in ein Jahr passt. Oft braucht es sogar einige Monate, bis die Trauer überhaupt erst richtig angekommen ist. Und dann, wenn das Umfeld und vielleicht man selbst schon denkt, dass es bergauf geht, kommt auf einmal der Zusammenbruch. So war es zumindest bei mir. Die ersten fünf Monate nach Julians Tod waren bereits schwer, aber es ging auch irgendwie weiter. Ich fing wieder an zu arbeiten und bemühte mich sehr darum, mein Leben möglichst so fortzuführen, wie es gewesen war. Bloß keine weiteren Veränderungen. Irgendwie weiter funktionieren. Man sagte mir, ich sei so stark, und alle glaubten, dass ich diesen Verlust gut überwinden und in mein Leben zurückfinden würde. Und dann brach in mir endgültig alles zusammen.

Erst mal weiter existieren – ein Schritt nach dem anderen

Schlaflose Nächte. Immer wieder diese Bilder. Julian, wie er rückwärts auf die Straße kippt. Julian, wie er im Auto zum Arzt gebracht wird. Julian, wie er ohne Erfolg reanimiert wird. Julians lebloser Körper. Immer und immer wieder diese Bilder. Nächte, in denen ich mich vor Schmerzen krümmte. Alles tat weh. Die Seele, der Körper, der Geist. Alles war nur noch Schmerz.

Wie ist so etwas überhaupt auszuhalten? Wieso geht das Leben einfach weiter, obwohl der Verstorbene nicht mehr mit uns leben kann? Wie kann das sein, wie ist das möglich? Wieso muss ich das erleben, was habe ich bloß falsch gemacht? Wieso muss er so früh gehen? Wo ist mein geliebter Mensch jetzt? Geht es ihm gut dort, wo er jetzt ist? Warum nur musste das geschehen? Was hätte ich tun können, um es zu verhindern? Wieso kann ich ihn nicht wenigstens einmal noch sehen, im Arm halten, ihm alles sagen, was ich ihm so gerne noch sagen würde? Wieso nur lässt der Tod nicht mit sich verhandeln?

In diesen ersten Monaten nach dem Tod eines geliebten Menschen schwirren oft die immer gleichen Fragen durch unseren Kopf. Ab und zu gibt es leichtere Momente oder vielleicht Augenblicke, in denen wir gar nichts fühlen. Doch immer wieder haut der Schmerz uns um, körperlich und seelisch. Bis wir meinen, es geht keine Sekunde mehr länger. Alles schmerzt so sehr. Wir wissen nicht, wie wir das überleben sollen. Und der Gedanke, dass das Leben jemals wieder gut sein könnte, ist einfach nur absurd. Wie auch soll ein Leben ohne den geliebten Verstorbenen jemals wieder gut werden? Wie soll ich wieder in dieser Welt funktionieren, wenn alles in mir schmerzt und allein das Aufstehen am Morgen schon so viel Kraft kostet?

In dieser Zeit geht es erst einmal darum, weiter zu existieren. Nicht mehr und nicht weniger. Einen Tag nach dem anderen. Weiter musst du nicht denken, weiter braucht es keinen Plan. Irgendwann wird es wieder einmal darum gehen, wirklich zu leben, aber im Moment reicht existieren völlig aus. Was ist notwendig, um diese Stunde weiter da zu sein? Was, um den Tag zu überstehen? Schlafen, essen, atmen. Die unbedingt nötigen Dinge erledigen. Du tust bereits viel, wenn du einfach weiter am Leben bist.

Womöglich gibt es viele Dinge zu regeln, Erbe, Testament, Versicherungen. Vielleicht hast du Kinder und musst eine Familie versorgen inmitten deiner Trauer. Es ist okay, wenn all das nicht so reibungslos funktioniert wie bisher. Es ist okay, wenn du jetzt in sehr kleinen Schritten denkst und einfach einen Fuß vor den anderen setzt. Und morgen ist wieder ein neuer Tag.

Es ist auch okay, dir Hilfe zu holen. Wenn wir uns in den Jahren zuvor immer gut zurechtgefunden haben in der Welt, ist das gar nicht so einfach. Doch es ist kein Zeichen von Schwäche, wenn du nicht mehr so leben kannst wie vorher. Deine Welt ist gerade zerbrochen und du musst da nicht alleine durchgehen. Wer kann dir etwas abnehmen? Wen kannst du bitten, für dich einkaufen zu gehen, mit dir den Papierkram zu sichten, dich bei ganz praktischen Dingen im Alltag zu unterstützen? Wer oder was kann dir jetzt dabei helfen, erst einmal weiter zu existieren? Was kannst du abgeben, was ist jetzt gerade nicht wirklich wichtig? Die Trauer zwingt uns oft geradezu, die Prioritäten in unserem Leben neu zu setzen.

Ich funktioniere nicht mehr wie vorher

Ich konnte mich ganz lange nur schwer konzentrieren und bin fast verzweifelt darüber, dass ich scheinbar nicht mehr die gleichen Kapazitäten hatte wie früher. Würde ich jemals wieder »normal« arbeiten können? Schon die kleinsten Aufgaben stellten eine große Herausforderung für mich dar. Ich brauchte ewig dafür. Ich konnte keine Bücher mehr lesen, weil meine Konzentration nicht einmal für eine Seite reichte (außer Bücher über die Trauer, das ging irgendwie).
Als ehemalige Informatikerin erkläre ich mir dieses Phänomen gerne anhand eines Computers. Unser Gehirn ist zwar deutlich komplexer und viel lebendiger, aber doch sind die Prozesse auf eine vereinfachte Art ähnlich. Es gibt nur eine begrenzte Kapazität, um Informationen und Eindrücke zu verarbeiten. Leider sehen wir von außen nicht, was in unserem Gehirn in der Zeit der Trauer alles los ist. Oft haben wir das Gefühl, gar nichts zu tun, nur weil äußerlich nichts sichtbar ist. Das heißt aber keineswegs, dass innen nichts geschieht. Wie bei einem Computer eben,

der einen umfassenden Virenscan oder ein großes Backup durchführt. Währenddessen sind die anderen Programme langsamer, das merken wir bereits beim Öffnen. Der Computer ist fast ausgelastet mit dieser einen großen Aufgabe, die er im Hintergrund durchführt, und hat kaum Arbeitsspeicher frei für andere Programme. So ähnlich sieht es auch in unserem Gehirn aus. Die Trauer benötigt viel Energie und nimmt großen Raum ein, selbst wenn wir es gar nicht aktiv bemerken. Nach dem Tod eines lieben Menschen gibt es so viel zu begreifen und zu ordnen; das läuft im Hintergrund immer mit und verlangsamt so alles andere. Wenn ich mir auf diese Art deutlich mache, was geschieht, finde ich es kaum noch verwunderlich, dass unsere Konzentration nachlässt und viele Dinge nicht mehr so gehen wie früher. Der komplexe Trauerprozess legt unser Gehirn lahm. Das ist kein Zeichen von Schwäche und bedeutet auch nicht, dass es immer so bleiben wird. Die Kapazität unseres Gehirns hat sich ja nicht verändert, sie wird gerade nur anderweitig gebraucht. Genau wie beim Computer, der nach dem großen Virenscan wieder ganz normal und schnell funktioniert wie zuvor.
An dieser Stelle endet dann auch der Vergleich. In unserem Gehirn findet in der Zeit womöglich ein groß angelegter Umbau statt, um all die neuen Informationen, Eindrücke und Erkenntnisse, die wir durch und nach dem Tod eines lieben Menschen erfahren, zu integrieren. Wenn wir also meinen, einfach nur weiter zu existieren wäre zu wenig, wenn es uns so vorkommt, als würden wir nichts tun, können wir uns daran erinnern, dass unser Gehirn gerade auf Hochtouren läuft.
Für mich hat »einfach nur existieren« mit dieser Sichtweise eine ganz neue Dimension erhalten. Es wird in unserer Gesellschaft kaum gewürdigt, weil das Tun und Funktionieren so sehr im Vordergrund stehen, doch diese Zeiten des Innehaltens nach einem solchen Erlebnis sind mindestens genauso wertvoll wie das erneute Tun – wenn wir überhaupt von einer Bewertung

sprechen wollen. Es ist nichts Faules, Schwaches daran, sich dem hinzugeben. Heute höre ich häufig, wie stark ich sei und wie bewundernswert mein Umgang mit Julians Tod. Diese Stärke konnte ich nur finden, weil ich mir erlaubt habe, aus dem Funktionieren auszusteigen und dem, was da sein wollte, den nötigen Raum zu geben.

Ich möchte selbst auch sterben

Ein häufig verschwiegenes Thema in diesem Zusammenhang ist der oft unbändige Wunsch, wieder bei unserem geliebten Verstorbenen zu sein. Diese Sehnsucht ist so groß, es zieht uns so sehr zu ihm, dass wir uns bei dem Gedanken erwischen, es könnte schöner sein, nun auch zu sterben. Denn was gibt es noch in diesem Leben, was irgendwie Sinn ergeben könnte? Der Schmerz ist so groß und das Vermissen noch größer. Ich wollte mich nach Julians Tod einfach nur hinlegen und warten, bis ich auch sterben würde. Etwas anderes konnte ich mir in diesem Moment überhaupt nicht vorstellen. Ich hätte mein Leben nicht selbst beenden wollen, aber ich wollte einfach nichts mehr tun, bis es sich eben von selbst beenden würde. Über diese erste Begegnung mit dem Gefühl, nicht mehr leben zu wollen oder vielmehr nicht mehr leben zu können, halfen mir Menschen hinweg, die mir Aufgaben gaben. Auch später kamen mir immer wieder einmal Gedanken an das eigene Sterben in den Sinn. Ich wollte mir nicht wirklich das Leben nehmen, ich wollte einfach nur so unfassbar gerne wieder mit Julian zusammen sein. Und das ging nun mal in diesem Leben nicht. Auf der Suche nach einer Lösung für dieses eigentlich unlösbare Problem unserer Trennung kamen diese Gedanken ganz automatisch. Ich erschrak selbst darüber, hatte ich es doch früher nie verstehen können, wie man so etwas überhaupt denken konnte. Das Leben ist doch so kostbar, dachte ich immer. Bis ich selbst erfuhr, wie belastend und sinnlos es sich anfühlen kann. Ich habe darüber mit kaum jemandem gesprochen. Ich dachte, das kann ich niemandem sagen, dachte, es sei irgendwie falsch, so etwas überhaupt zu denken, und dass ich es eben einfach nur abstellen müsste. Ich wollte gar nicht wirklich gehen, aber diese Gedanken waren trotzdem da. Diese Sehnsucht nach Julian war so übermächtig – wie ein Sog nach drüben, in diese andere Welt, in der er sich nun befand. An manchen Tagen fühlte es sich so an, als wäre ich sowieso bereits mehr dort als hier oder zumindest irgendwo dazwischen, nicht mehr ganz anwesend mit meiner Seele in meinem Körper.

Ich schreibe das, weil ich heute weiß, dass es vielen Trauernden ähnlich geht. Und diese Gedanken sind doch auch ganz naheliegend und verständlich, ganz normal nach einem schweren Verlust. Ich möchte dich daher ermutigen, dir zu erlauben, auch diesem Gefühl der großen Sehnsucht hin zum Verstorbenen Raum zu geben und dich nicht dafür zu verurteilen, wenn du an ein mögliches Nachsterben denkst.

Gefühle wollen gefühlt werden, so schmerzhaft sie auch sind.

Das gilt auch ganz allgemein: Es gibt keine »falschen« Gefühle. Alles, was du fühlst, ist in Ordnung und darf sein: Traurigkeit, Verzweiflung, Wut, Hoffnungslosigkeit, Leere oder auch Freude, was auch immer gerade da ist. Alles darf in der Trauer seinen Raum bekommen.

Gefühle wollen gefühlt werden, so schmerzhaft sie auch sind. Und zugleich ist auch dein Widerstand dagegen in Ordnung. Denn wer will diesen Schmerz schon fühlen? Wenn ich dich dazu einlade, den Widerstand aufzugeben, dann weiß ich, dass auch das ein Prozess ist. Mal gelingt es und mal gar nicht. Auch das ist völlig normal auf diesem Weg.

Was tut mir jetzt gut?

Es geht gerade in der ersten Zeit nach dem Tod eines lieben Menschen auch darum, uns selbst in und mit unserer Trauer neu kennenzulernen. Die Frage, was uns guttut, ist oft sehr schwer oder gar nicht zu beantworten. »Guttun«, was soll das überhaupt sein? Allein das Wort »gut« scheint doch so unpassend in dieser Zeit. Alles ist verwirrend, nichts ist planbar. Heute kann es sich vielleicht okay anfühlen, Freunde zu treffen und über Belangloses zu sprechen, kann es vielleicht gelingen mit der Ablenkung und es stellt sich für den Moment ein Gefühl der Erleichterung ein. Morgen kann es dann schon wieder ganz anders sein und die gleichen Freunde, die gleichen Gespräche, die gleiche Ablenkung können sich absolut unpassend und unerträglich anfühlen. So ist es immer wieder aufs Neue ein Ausprobieren. Viele Dinge, von denen ich anfangs dachte, dass ich sie nie mehr würde ertragen können, sind heute wieder Teil meines Lebens. Andere nicht. Am Anfang hätte ich nicht sagen können, welche Dinge es einmal sein würden. Im Hier und Jetzt war nur Chaos, Schmerz und ein riesiger Trümmerhaufen. Das eingestürzte Haus meines Lebens lag um mich herum und ich hatte noch keine Ahnung, welche Steine ich zum Wiederaufbau verwenden könnte, welche vielleicht verändert oder ganz entsorgt werden müssten und wo es neue Bauteile brauchte – und erst recht nicht, wie diese Bauteile aussehen müssten oder woher ich sie beschaffen sollte.

Wie würde dieses neue Haus aus alten und neuen Teilen aussehen? Würde es wieder einmal ein schönes, wenn auch ganz anderes Zuhause werden können? Inmitten der Trümmer war jedenfalls noch nichts davon zu erkennen und so blieb mir nichts anderes übrig, als mich Schritt für Schritt den einzelnen Teilen zuzuwenden und auszuprobieren, was ich damit anfan-

gen könnte. Und auszuhalten, dass es eine Weile dauern würde, bis mein neues Lebenshaus wieder Geborgenheit bieten könnte.
Um in diesem Bild des eingestürzten Hauses zu bleiben: Zunächst geht es darum, eine kleine Ecke zu finden, die noch vergleichsweise unversehrt ist, in der du es dir wenigstens ein wenig gemütlich einrichten kannst. Ein geborgener, sicherer Ort mitten in all den Trümmern, an den du immer wieder gehen kannst, um neue Kraft zu schöpfen. Wo gibt es einen solchen Ort in deiner realen Wohnung oder deinem Haus? Vielleicht ist es auch ein Ort in der Natur. Ein Ort, an dem du einfach sein kannst, an dem du auch mit deiner Trauer sein kannst.
Ich möchte dich wirklich einladen, jetzt, nach deinem schmerzhaften Verlust, ganz besonders liebevoll mit dir selbst zu sein. Ich habe das erst durch meine Trauer gelernt. Ich darf gut zu mir sein, ja, ich muss es sogar, um da durchzukommen. Es mag ein komischer Gedanke sein, schließlich ist dieser geliebte Mensch tot – sollte es dir da nicht auch schlecht gehen? Weißt du, schlecht geht es dir jetzt sowieso. Es ist angemessen und wichtig zu schauen, dass du es dir wenigstens an den Stellen ein wenig leichter machst, wo es irgendwie möglich ist. Es ist völlig in Ordnung, wenn du dir jetzt erlaubst, dich ein Stück weit aus der Welt zurückzuziehen und ganz nach deinen Bedürfnissen zu schauen.
Das heißt natürlich nicht, dass es nicht genauso okay ist, wenn du das Bedürfnis hast, rauszugehen, mitten hinein ins Leben. Ich werde mich an der Stelle häufiger wiederholen, weil es nicht oft genug gesagt werden kann: Es gibt kein »Richtig« oder »Falsch« in deiner Trauer. Deine Trauer ist so individuell wie du selbst, so individuell wie das Leben.
Es ist nicht egoistisch, wenn du jetzt erst einmal ganz nach dir und deinen eigenen Bedürfnissen schaust. Vielleicht wird es nicht jeder um dich herum verstehen, aber diejenigen, die es nicht verstehen, erleben gerade auch nicht, was du erlebst. So

geht es auch darum herauszufinden, wer dir gerade guttut. Manchmal sind es gerade nicht die engsten Freunde, die jetzt ganz nah an deiner Seite bleiben. Viele Menschen haben Angst vor dem Tod und wissen nicht, wie sie mit Trauernden umgehen können. Ich selbst hätte es vor Julians Tod auch nicht gewusst. Wir lernen heute nirgends, mit Trauer und extrem schmerzhaften Gefühlen umzugehen. Wir leben in einer lauten und bunten Welt, in der es kaum Platz gibt für diese Erfahrungen, die jedoch genauso zum menschlichen Sein gehören wie die freudigen, guten Dinge.
Wer kann dich jetzt in dieser Zeit (er-)tragen, wer hält die Trauer mit dir aus, bei wem fühlst du dich in Ordnung, so wie du jetzt bist? Manchmal kommen diese Menschen, die einfach da sind und bei denen wir uns wohlfühlen, von ganz unerwarteter Seite. Versuche, dich darauf einzulassen, und verabschiede dich von den Menschen, die dir jetzt nicht guttun. Dabei geht es nicht um Schuldzuweisungen oder darum, dass diese Freundschaften schon immer »falsch« waren. Ich habe wirklich lange nicht begreifen können, warum manch einer aus meinem Umfeld so viel Abstand genommen hat zu mir, womöglich von mir erwartet hat, dass ich wieder die Alte werden würde. Wie hätte ich das werden können, schließlich war doch alles anders. Eine Freundin sagte mir irgendwann, dass auch sie ihre Freundin verloren hat, dadurch, dass ich mich in kürzester Zeit so sehr verändert hatte. Ich erkannte mich selbst kaum wieder, erwartete aber, dass meine Freunde diese neue Silke genauso akzeptieren wie die »alte«. Manche taten das, andere nicht. Zu sehr hatte sich mein Leben geändert, es passte nicht mehr zu dem Leben, das sie weiterhin führten. Wer war ich, von ihnen zu verlangen, dass sie es für mich ändern würden?
Nun schreibt sich das so leicht. Ich sitze hier nach all der Zeit und blicke darauf zurück. Mittendrin in der Situation ist es alles andere als einfach. Da ist dieser eine große Verlust und es

kommt ein Verlust nach dem anderen noch dazu. Es ist so unfassbar schmerzhaft, all das zu erleben. Es scheint so ungerecht und wir fühlen uns oft komplett verlassen von der Welt, von Gott, von den Menschen um uns herum oder auch von dem Verstorbenen. Und dann sollen wir auch noch schauen, was uns guttut. Aber wie sollen wir das überhaupt herausfinden? Woher soll die Kraft kommen, uns von Menschen und Dingen zu trennen, die uns nicht mehr guttun? Woher soll die Kraft kommen, immer wieder Neues auszuprobieren, um herauszufinden, was jetzt gut ist?
Lass dir Zeit. Du musst nicht heute alles wissen. Du darfst dir die Zeit nehmen, deine Trauer und dich selbst in kleinen Schritten kennenzulernen. Vielleicht kann es erst einmal um die ganz kleinen Dinge gehen. Kleine Dinge, die dir heute guttun. Womöglich fällt dir direkt beim Lesen etwas ein, womit du dir heute selbst noch Gutes tun könntest?

Alles geschieht zum ersten Mal ohne dich

In diesem sogenannten Trauerjahr geschieht alles zum ersten Mal ohne den Verstorbenen. Wir gehen zum ersten Mal durch alle Jahreszeiten, in denen er nun nicht mehr körperlich an unserer Seite ist. Wir erleben all die besonderen Tage zum ersten Mal ohne ihn: Geburtstage, Feiertage, Kennenlern-, Hochzeits- oder sonstige wichtige Tage. Tage, die mit ganz besonderen Erinnerungen verknüpft sind. Tage, an denen uns der Verlust noch einmal auf besonders schmerzhafte Weise bewusst wird. Tage, die in diesem ersten Jahr so schwer einzuschätzen sind. Wie wird sich das anfühlen ohne ihn? Wieso muss ich diesen Tag nun ohne ihn erleben, wieso muss ich mir überhaupt Gedanken über ein Weihnachtsfest machen, das ich überhaupt nicht feiern möchte? Eben noch waren es Tage, auf die ich mich besonders gefreut hatte. Es gab kleine Rituale, Geschenke oder einfach schöne gemeinsame Momente. Und auf einmal sind es Tage, die ich irgendwie ohne ihn verbringen muss, obwohl ich das doch überhaupt nicht will.

Ich habe es im ersten Jahr so erlebt, dass meine Angst vor diesen Tagen meist so groß war, dass es mir in den Tagen davor deutlich schlechter ging als an dem eigentlich so gefürchteten Tag selbst. Weil Trauer so wenig planbar ist, ist es auch so schwer einzuschätzen, was an diesen Tagen helfen könnte. Und auch hier gibt es kein »Richtig« oder »Falsch«. Ich möchte dich ermutigen, wirklich ganz auf dich zu hören. Nicht darauf, was andere sagen oder was »man« macht oder nicht macht. Wenn du mit dem Lieblingsbier deines verstorbenen Mannes an dessen Grab anstoßen möchtest, dann tu es. Wenn du über Weihnachten abhauen willst, ist das auch in Ordnung. Erlaube dir auch, deine Pläne wenn nötig so oft umzuwerfen, bis du das Gefühl hast, damit den Tag überstehen zu können.

Möchtest du den Tag mit anderen gemeinsam verbringen oder lieber ganz alleine für dich? Wen kannst du dir an deiner Seite vorstellen? Könnt ihr vorab darüber reden, was du dir vorstellst und wünschst?

Auch unabhängig von den Gedenktagen geschehen so viele Dinge zum ersten Mal ohne deinen geliebten Menschen. Dinge, die ihr immer zusammen erlebt habt, musst du nun auf einmal ohne ihn erfahren. In diesen Momenten wird seine Abwesenheit jedes Mal besonders deutlich. Auch hier geht es darum zu schauen, was dir gerade guttut und was nicht. Welchen Situationen willst und kannst du dich aussetzen und für welche kannst du erst einmal eine andere Lösung finden? Du musst dich nicht allem auf einmal stellen, es ist auch völlig okay, wenn du dir erlaubst, bestimmten Situationen oder Orten zunächst aus dem Weg zu gehen. Vertraue dir selbst, vertraue deinem Gefühl. Du wirst wissen, wann für dich der richtige Zeitpunkt gekommen ist. Niemand außer dir kann es dir sagen.

Ich muss es nicht alleine schaffen

Trauer ist keine Krankheit. Die Trauer selbst ist im Grunde etwas sehr Positives, hilft sie uns doch dabei, diesen schweren Verlust zu bewältigen. Und doch ist sie so schwer zu tragen. Wir erkennen uns nicht wieder, wissen nicht mehr, wer wir sind. Der Schmerz des Verlusts ist so schwer auszuhalten. Manchmal kommen traumatische Erlebnisse rund um den Tod dieses geliebten Menschen hinzu, die uns vielleicht sogar davon abhalten, wirklich zu trauern. Oder wir plagen uns mit Schuldgefühlen, fragen uns, warum wir ihn nicht haben retten können, nicht dazu gebracht haben, früher zum Arzt zu gehen, oder quälen uns mit der Frage, wieso wir am letzten gemeinsamen Abend einen Streit anfangen mussten. Hinzu kommen oft noch Veränderungen in unserem Umfeld. Der Verlust von Freunden, die uns in unserer Trauer aus dem Weg gehen, der Verlust der Arbeit oder der Wohnung. Oder der Alltag fordert uns so sehr, dass wir uns kaum oder keine Zeit für die Trauer nehmen können. Viele Trauernde erleben in dieser Zeit zudem körperliche Symptome und Beeinträchtigungen. Denn oft drückt sich die Trauer auf diese Art aus. Körper, Geist und Seele schmerzen aufgrund dieses tiefgreifenden Verlusts. All das zusammen kann sich wie ein riesiger, unüberwindbarer Berg anfühlen. Oder wie eine riesige, schwarze Decke, die schwer auf uns liegt und uns förmlich erdrückt.

Die Trauer trifft uns immer auch als Menschen, die bereits zuvor ihre Erfahrungen im Leben gemacht haben. Da gibt es vielleicht ganz alte Verluste, von denen wir gar nicht wussten, dass sie noch von Bedeutung sind. Im Gehirn sind alle Trauererfahrungen miteinander vernetzt und eine erneute Erfahrung kann Altes wieder mit aufreißen. Manchmal sind wir zum Todeszeitpunkt des geliebten Menschen bereits auf die eine oder andere Art an der Grenze unserer Belastbarkeit. Mit der Trauer »obendrauf« können wir die eben gerade noch erträglichen Situationen womöglich nicht mehr aushalten und alles, was zuvor schon anstrengend genug war, verschlimmert sich um ein Vielfaches. So ist Trauer ein ganz komplexer Prozess, der stark von den äußeren und inneren Umständen, in denen wir uns befinden, und von unserem bisherigen Umgang mit Verlusten und schmerzhaften Gefühlen beeinflusst wird.

In all dem musst du nicht alleine bleiben. Vielleicht hast du Freundinnen und Freunde an deiner Seite und eine Familie, die dich trägt. Manchmal reicht das jedoch nicht aus. Manchmal wissen auch unsere Freunde nicht weiter, wissen nicht, wie sie mit diesem riesigen Trauerberg in uns umgehen sollen, mit diesen tiefen schwarzen Abgründen, die sich auf einmal auftun. Es ist deshalb absolut angemessen, wenn du dir professionelle Hilfe holst. Vielleicht bezweifelst du, dass dir überhaupt irgendetwas oder jemand helfen kann. Und irgendwie stimmt das auch. Niemand kann dir deinen Schmerz abnehmen, so schön diese Vorstellung auch sein mag. Niemand kann dir deinen geliebten Verstorbenen zurückgeben. Und wie sonst sollte irgendetwas besser werden? Ohne ihn ist und bleibt alles schmerzhaft. Vielleicht denkst du, dass es gar keinen Sinn hat, damit zu einer fremden Person zu gehen und dieser davon zu erzählen.

Ich möchte dich ermutigen, es dennoch auszuprobieren, wenn du das Gefühl hast, alleine nicht weiterzukommen, wenn du das Gefühl hast, in deiner Trauer unterzugehen. Es gibt dabei verschiedene Möglichkeiten und Angebote. TrauerbegleiterInnen haben oft selbst Erfahrungen mit schweren Verlusten gemacht und sich aus dieser Erfahrung heraus entschlossen, anderen in ähnlichen Situationen ihre Hilfe anzubieten. Ich fand es immer wieder hilfreich, mit Menschen zu sprechen, die aufgrund ähnlicher Erfahrungen meine Gedanken und Gefühle ohne viele Worte verstehen konnten. TrauerbegleiterInnen sind nicht nur oft selbst diesen Weg gegangen, sie haben sich zusätzlich in Aus- und Weiterbildungen intensiv mit dem Thema Trauer auseinandergesetzt. Sie bieten dir Halt in dieser orientierungslosen Zeit und du kannst bei ihnen Raum für dich und deine Trauer finden. Ein guter Trauerbegleiter hält deine Trauer mit dir aus und unterstützt dich auf deiner Suche nach deinem ganz eigenen Weg durch die Trauer hindurch.

Vielleicht ist auch eine Therapie eine passende Wahl für dich. Auch das bedeutet nicht gleich, dass du »falsch« oder krank bist. Gerade wenn du im Zusammenhang mit dem Tod traumatische Erfahrungen gemacht hast, kann ich dir von Herzen raten, dich einem Therapeuten anzuvertrauen. Er kann dir dabei helfen, Schritt für Schritt aus dem Trauma auszusteigen und das Geschehene neu einzuordnen. Dafür musst du nicht warten, bis es gar nicht mehr anders geht. Wenn du das Gefühl hast, dass es dir guttun könnte, dann probiere es aus. Wir dürfen Hilfe annehmen, noch bevor wir ganz zusammenbrechen. Niemand hat etwas davon, wenn du möglichst lange noch irgendwie durchhältst. Wir haben das zwar oft so gelernt, aber Hilfe annehmen ist kein Zeichen von Schwäche oder Versagen. Im Gegenteil. Du erlebst gerade etwas so herausfordernd und tiefgreifend Lebensveränderndes. Es ist völlig in Ordnung, wenn du dir in dieser Zeit Unterstützung suchst. Der Vorteil einer Therapie ist, dass sie von deiner Krankenkasse übernommen wird und dir so keine Kosten entstehen. Ein Nachteil ist die oft lange Wartezeit auf einen Therapieplatz. Es kann daher eine gute Idee sein, sich frühzeitig danach umzusehen.

Wir dürfen Hilfe annehmen, noch bevor wir ganz zusammenbrechen.

Auch eine spirituelle Form der Begleitung kann auf dem Weg der Trauer hilfreich sein. Vielleicht stellst du dir die Frage, wo dein geliebter Verstorbener nun ist und ob es ihm gerade gut geht. Im kirchlichen Bereich stehen Pfarrer und SeelsorgerInnen für Gespräche zur Verfügung.
Unabhängig von religiösen Institutionen gibt es viele feinfühlige, medial veranlagte Menschen, die dir bei diesen Fragen ebenfalls zur Seite stehen können. Zu einem Medium zu gehen, davor schrecken viele Menschen zurück. Schließlich könnte es sich um einen Scharlatan handeln, der uns nur etwas vorgaukelt und dafür reichlich Geld einsteckt. Und was machen wir dann mit dem Gesagten, wenn es vielleicht gar nicht wahr ist? Kann es überhaupt wahr sein, ist es überhaupt möglich, dass ein Mensch mit meinem geliebten Verstorbenen redet und mir die Botschaften weitergibt? Unser Verstand kann es nicht herausfinden, aber wir dürfen hier lernen, wieder unseren Gefühlen zu vertrauen. Wenn du das Gefühl hast, es könnte dir helfen, einmal über ein Medium mit deinem geliebten Verstorbenen in Kontakt zu gehen, dann lass dir Zeit dafür. Fühle genau hin, bei welchem Menschen du dich angesprochen fühlst. Wo ist jemand, der seine Gaben so anbietet, dass du dich dort wohlfühlst? Vertraue darauf, dass du der richtigen Person begegnen wirst, und vertraue dir auch, wenn du spürst, dass hier etwas Ungutes geschieht. Das gilt übrigens für die Suche nach geeigneten TherapeutInnen und TrauerbegleiterInnen genauso. Immer wieder geht es darum, die Menschen zu finden, bei denen wir uns wirklich wohl und gut aufgehoben fühlen.

Hife anzunehmen ist kein Zeichen von Schwäche oder Versagen.

Auch Menschen, die sich in den schamanischen Heilweisen auskennen oder auf energetischer Ebene arbeiten, können dich unterstützen. Gerade diese Formen der Unterstützung werden oft belächelt, kritisiert oder einfach verschwiegen. Allein der Begriff »schamanisch« stößt meiner Erfahrung nach oft auf Abwehr. Dabei handelt es sich um ganz altes Wissen, das heute in neuer Form wiederentdeckt und genutzt wird. Für mich ist es eine ganz erdverbundene Form der Spiritualität, die mir persönlich den Zugang zu einer tieferen Verbundenheit mit mir selbst und allen Wesen gezeigt hat.

Egal ob Therapeut, Trauerbegleiterin, Coach, Seelsorgerin, Medium oder Schamane – wichtig ist dein eigenes Gefühl zu den Menschen, die dich begleiten. Es ist eine Sache, was sie gelernt haben, was ihre Fähigkeiten sind und was sie anbieten. Aber ein anderer, mindestens genauso wichtiger Aspekt ist die »Chemie« zwischen euch. Wenn du dich nicht wohlfühlst, wird es schwer sein, dich zu öffnen. Aus meiner Sicht ist diese menschliche Komponente mit die wichtigste. Es geht darum, Unterstützung zu finden, die zu dir passt, wo es wirklich um dich und deine Bedürfnisse geht. Eine Person, der du vertraust, der du dich mit all deinen Gedanken und Gefühlen anvertrauen magst. Vielleicht ist es ein seltsamer Gedanke, mit den persönlichsten Dingen zu einer fremden Person zu gehen. Der Vorteil davon ist, dass die Zeit dort ganz allein dir gehört. Dir gegenüber sitzt jemand, der nicht Teil deines Alltags ist und dem du auch deshalb alles erzählen kannst, ohne irgendwelche Konsequenzen zu fürchten. Es darf hier nur um dich gehen.

Weil es nach einem solchen Verlust guttun kann, mit Menschen zu reden, die Ähnliches erlebt haben, und weil es diese Menschen in unserem direkten Umfeld oft nicht gibt, kann es hilfreich sein, eine Trauergruppe zu suchen. In diesen Gruppen treffen sich Menschen, um über ihre Erfahrungen und ihre Trauer zu sprechen. Das kann in Form einer Selbsthilfegruppe sein oder auch unter Anleitung eines Trauerbegleiters. Häufig gibt es verschiedene Angebote für Menschen, die ein Kind, den Partner, Elternteile oder Geschwister verloren haben. Auch the-

matische Gruppen wie nach dem Tod durch Suizid kann es in deiner Stadt geben.
Schließlich besteht auch die Möglichkeit, im Internet nach Foren oder Online-Gruppen zu suchen. Manchmal fällt es leichter, sich zunächst von zu Hause aus auf diese noch recht anonyme Art auszutauschen. Ein weiterer Vorteil von Online-Angeboten ist, dass du hier jederzeit Menschen findest und dir deine Trauer unabhängig von bestimmten Terminen oder Zeiten von der Seele schreiben kannst.

Den ersten Todestag überstanden – und jetzt?

Zu Beginn unserer Trauer konnten wir es uns nicht einmal ansatzweise vorstellen und doch geschieht es ganz automatisch: Zeit vergeht und das erste Jahr nach dem Tod unseres lieben Verstorbenen ist verstrichen. Unfassbar, dass bereits ein Jahr vergangen ist – so viel ist geschehen in dieser Zeit und zugleich fühlt es sich womöglich so an, als wäre der Tod erst gestern in dein Leben getreten. Wir nehmen die Zeit anders wahr. Sie scheint sich zu biegen und zu dehnen und nicht mehr so linear und vorhersehbar zu verlaufen, wie wir es gewohnt waren. Nach einem schweren Verlust ist ein Jahr lang und kurz zugleich.
Manchmal wissen wir gar nicht mehr so genau, wie wir all die schmerzhaften Momente eigentlich überstanden haben. Und doch zeigen uns diese Monate nach dem Tod eines lieben Menschen genau das: Es ist möglich, die Wellen der Trauer zu überleben, sie irgendwie zu ertragen, auch wenn sie noch so unerträglich scheinen. Du hast womöglich in dieser Zeit erfahren, dass nach jedem heftigen Schmerz wieder eine Art »Verschnaufpause« kommt, dass es durchaus leichtere Momente geben kann und der Schmerz nicht immer im selben Maß wehtut.

Das war für mich die größte Erkenntnis nach diesem ersten Jahr: Ich kann diese heftigen Schmerzwellen überstehen und sie gehen vor allem jedes Mal wieder vorbei. Überhaupt war es wichtig zu erkennen, dass es sich um Wellen handelte, dass all die Gefühle meiner Trauer weder gleichbleibend vorhanden waren noch ganz einfach beständig besser wurden. In diesem ersten Jahr erhielt ich ein wenig Klarheit über meine vielen verwirrenden Gefühle, ganz langsam lernte ich sie kennen und unterscheiden. Ich stellte auch fest, dass sie alle gleichzeitig da sein können. Freude und Traurigkeit liegen so erstaunlich nah beieinander.

All die besonderen Tage haben wir nun ein Mal ohne den geliebten Verstorbenen erlebt und tatsächlich überstanden. Ja, wir haben viel gemeistert in diesem ersten Jahr nach unserem großen Verlust. Und doch, dieser eine Mensch bleibt tot. Ein Jahr ist vorbei, wir haben geweint, gekämpft, uns irgendwie durchgeschleppt durch diese Zeit. Nur um festzustellen, dass sich eigentlich gar nichts ändert, nur weil ein Jahr zu Ende ist. Müsste jetzt nicht alles endlich irgendwie besser werden?

Ich zumindest hatte diese Erwartung – oder vielleicht eher eine Hoffnung – irgendwo tief in mir. Eine Hoffnung darauf, dass sich irgendetwas ändern würde. Als müsste ich nur dieses eine Jahr schaffen und dann würde von irgendwoher jemand kommen und mich dafür belohnen. Ein kleiner Teil in mir – der, der nach wie vor nicht wahrhaben wollte, was geschehen war – hoffte sogar darauf, dass Julian vielleicht doch zurückkommen könnte. Schließlich hatte ich so tapfer durchgehalten. Wieso konnte er nicht einfach wiederkommen und mit mir zurück in unser gemeinsames Leben gehen? Doch er kam nicht. Nichts geschah. Die Zeit verging einfach nur weiter. Mehr nicht. Es gab nun noch weniger Menschen, die verstanden, weshalb ich immer noch traurig war. Und noch immer wusste ich weder, wer ich

jetzt war und sein wollte, noch wie mein Leben weitergehen sollte.
Viele Trauernde beschreiben es so, dass das zweite Jahr auf eine Art noch schwieriger ist als das erste. Vielleicht, weil die Endgültigkeit des Todes mit dem ersten Todestag noch einmal realer wird. Nichts wird uns den Verstorbenen zurückbringen. Wir haben keine andere Wahl, als uns mit dieser Realität auseinanderzusetzen. Am Ende des ersten Jahres steht möglicherweise die Erkenntnis: Die Trauer bleibt noch eine Weile und möchte ihren Platz in unserem Leben bekommen. Es bleibt uns vermutlich nichts anderes übrig, als sie in unserem Leben willkommen zu heißen und uns weiter mit ihr vertraut zu machen.

Raum für meine Trauer

Die Trauer in unserem Leben willkommen heißen und ihr einen guten Platz geben – das klingt in der Theorie so gut, irgendwie friedlich und sanft. Und zugleich wirft diese Idee viele Fragen auf und ist schwer zu greifen. Eigentlich wollen wir die Trauer doch gar nicht mehr haben. Wie lange soll das noch so weitergehen? Dieser Schmerz ist so schwer zu ertragen, der Weg zurück ins Leben so beschwerlich. Wie kann es da gut oder gar gesund sein, sich noch weiter in die Trauer hineinzubegeben, auch noch ganz bewusst Raum dafür zu schaffen? Ist die Gefahr nicht viel zu groß, nie wieder den Weg heraus zu finden? Wer steigt schon freiwillig in diesen dunklen Abgrund? Verliere ich mich am Ende womöglich komplett darin? Ist es nicht besser, diese Trauer, die mich immer wieder zum Weinen und Verzweifeln bringt, zu vermeiden, um ein gutes Leben führen zu können? Ist es nicht irgendwie krankhaft, wenn sie so lange anhält, länger noch als ein Jahr? Müsste es jetzt nicht endlich wieder gut sein?

Was stimmt bloß nicht mit mir?

Wenn wir nach all der Zeit immer noch so traurig sind und es scheinbar nicht schaffen, unseren Weg aus der Trauer und zurück ins Leben zu finden, fragen wir uns oft, ob irgendetwas nicht stimmt mit uns. Nach wie vor vermissen wir den Verstorbenen so sehr, können wir keinen Sinn erkennen in all dem. Es hat sich vielleicht etwas verändert, aber es tut immer noch so weh. Unser Umfeld signalisiert uns mehr und mehr, dass es jetzt reicht mit der Trauer. Und wir wollen auch selbst so gerne, dass es aufhört, aber wir wissen einfach nicht, wie das gehen soll. Dann versuchen wir vielleicht, gegen die Trauer anzukämpfen, uns zusammenzureißen, eine Abkürzung zu finden. Das Leben verlangt, dass wir weitergehen. Verlieren wir sonst nicht den Anschluss? Die Sache ist, wir können alle möglichen Strategien anwenden, um der Trauer aus dem Weg zu gehen. Wir können sie sogar eine Weile lang aus unserem bewussten Erleben verdrängen. Und es ist auch völlig in Ordnung, das hin und wieder zu tun. Doch die Trauer bleibt trotzdem. Sie ist einfach da und beeinflusst uns und unser Wohlergehen, ob bewusst oder unbewusst.

Aus meiner eigenen Erfahrung kann ich dir sagen, dass der Prozess der Verarbeitung des Verlustes nicht schnell gehen muss, damit es irgendwann wieder gut ist. Ja, es ist sogar wichtig, dass du dir dein eigenes Tempo zugestehst. Deine Trauer darf Zeit brauchen. Ich habe mich unterwegs immer und immer wieder gefragt, wieso ich es nicht schaffe, sie zu überwinden, wieso ich es nicht schaffe, endlich wieder normal zu leben. Ich war sicher, dass etwas nicht stimmt mit mir, dass ich einfach unfähig bin, dass ich meinen Platz im Leben nie mehr finden würde. Heute sitze ich hier, schreibe über die Trauer und höre häufig von anderen Menschen, dass sie meinen Umgang damit bewundernswert und stark finden. Wie schwer das alles war, wie schwach und falsch ich mich für eine wirklich lange Zeit gefühlt habe, das sieht man mir heute vermutlich nicht mehr so an. Deshalb betone ich es immer wieder: Es war, es ist kein leichter Weg. Es braucht Zeit. Es ist normal, dass das eine Jahr bei schweren Verlusten nicht ausreicht. »Langsam« und »schnell« gibt es hier nicht, es gibt einfach bloß die Zeit, die es eben braucht.

Wenn die Trauer nach dem Tod eines lieben Menschen nun also nicht einfach so weggeht – sosehr wir es uns auch wünschen –, wie wäre es, wenn wir ihr einmal neu begegnen würden? So, wie wir einem Gast begegnen, den wir nicht unbedingt eingeladen haben, der aber aus irgendeinem Grund nun auf unserer Couch sitzt und erst einmal bleiben wird. Es ist so verständlich, dass du deine Trauer mit all den schmerzhaften Gefühlen loswerden möchtest. Schließlich ist es eine ganz natürliche Reaktion, vor Schmerz – ob körperlichem oder seelischem – zunächst zurückzuschrecken. Doch wie viel Energie fließt in deinen Widerstand gegen die Trauer? Wie viel Energie ist gebunden in diesem Kampf? Und gegen was kämpfst du wirklich? Ist es die Trauer, die es zu besiegen gilt? Ist sie wirklich das Problem? Oder ist sie nicht vielmehr die Lösung in einer Situation, in der es eigentlich zunächst gar keine Lösung geben kann, weil der geliebte Verstorbene einfach für immer tot bleiben wird?

Trauer als natürliche Fähigkeit meiner Psyche

Wenn Trauer die Lösung sein soll, was ist dann eigentlich das Problem? Und was ist Trauer wirklich? Was will da diesen Raum haben in unserem Leben?

Das Problem, das, was so schmerzt, ist der Verlust dieser geliebten Person, die Lücke, die sie in unserem Leben hinterlässt. Das Problem ist die Tatsache, dass dieser geliebte Mensch niemals wiederkommen wird, egal was wir tun. Wir sind nicht falsch oder krank, wenn wir in Anbetracht dieses Verlusts trauern, auch über lange Zeit. Die Trauer ist unsere Antwort darauf, eine ganz natürliche Reaktion auf diese außergewöhnliche, schmerzhafte Situation. Egal, welche Verluste wir erleben, Trauer hilft uns, damit umzugehen. Der Tod eines geliebten Menschen stellt eine besondere Form der Trauer dar. Diesen schweren Verlust überwinden wir nicht einfach so innerhalb einiger Tage oder Wochen. Trauer ist zutiefst schmerzendes Heimweh nach dieser geliebten Person, Heimweh nach diesem alten Leben, das es so nun nicht mehr geben kann. Trauer ist die verzweifelte Suche nach dieser Person. Trauer ist seelischer und körperlicher Schmerz, ausgelöst durch diese grausame Trennung. Hinzu kommt, dass zusätzlich zum eigentlichen Verlust die Konfrontation mit dem Tod viele Fragen aufwirft. Sie verändert womöglich unser ganzes Weltbild und die Sicht auf uns selbst. Dieser eine Verlust zieht meist noch viele weitere Verluste nach sich – große und kleine, die sich zusammen zu einem riesigen Verlustberg aufzutürmen scheinen. Die Trauer nach dem Tod eines geliebten Menschen übertrifft meist alles, was wir zuvor im Leben an Problemen erfahren haben, um ein Vielfaches. Vermutlich hast du niemals zuvor einen solch tiefgreifenden Schmerz erlebt, hast du niemals erahnen können, dass dich etwas so sehr aus der Bahn werfen kann wie dieser Verlust.

Wenn wir betrachten, was Trauer eigentlich ist, dann können wir sehen, dass sie nicht nur für diese besonders großen, schweren Verluste zuständig ist. Sie ist stets Teil unseres menschlichen Daseins. Trennungen, Krankheiten, Kündigungen, Wohnungswechsel, Veränderungen im Freundeskreis – im Laufe unseres Lebens begegnen uns die unterschiedlichsten Verluste. Sogar in positiven Veränderungen, die wir uns selbst gewünscht haben, steckt immer auch ein gewisser Verlust. Nicht alle sind gleich schmerzhaft und doch gehört die Trauer dazu – manchmal ganz unbemerkt. Mir geht es an dieser Stelle nicht ums Vergleichen. Mir geht es darum, dass Trauer etwas ganz Natürliches ist und damit nichts, das es zu bekämpfen gilt. Es stimmt, sie passt nicht in unsere Zeit. Sie hält uns womöglich davon ab, weiter gut zu funktionieren und dazuzugehören. Ja, sie kann uns auf eine Art zunächst ausschließen, hinauskatapultieren aus allem Gewohnten, uns entfernen von Menschen, die uns zuvor nahe schienen. Das Leben fragt uns nicht, ob wir diesen Verlust erleben wollen. Sosehr wir uns dagegen wehren mögen, Vergänglichkeit und Tod sind Teil unserer Erfahrung auf dieser Erde. Zur Bewältigung dieser leidhaften Erfahrungen steht uns die Trauer zur

Seite. Sie ist als wichtige Fähigkeit in unserer Psyche eingebaut. Wollen wir sie wirklich dafür verantwortlich machen, dass sie nicht in unsere Welt passt? Ist sie es, die »falsch« ist, oder ist es womöglich die Welt, die wir uns geschaffen haben? Muss sich unsere Trauer an die von uns geschaffenen Gegebenheiten anpassen oder können wir einen Weg finden, die Umstände so anzupassen, dass unsere Trauer auf die Art wirken kann, wie sie es für uns tun möchte? Denn sie fordert viel, aber sie gibt auch viel – so unvorstellbar das vielleicht im Moment klingen mag. Wie wäre es, wenn wir ihr den Raum geben, den sie braucht, um uns dabei zu helfen, diesen schweren Verlust zu begreifen und einen Weg zu finden, mit ihm weiterleben zu können?

Du merkst es vielleicht: Ich möchte in diesem Buch ganz besonders für die Trauer werben. Ich möchte dir zeigen, wie liebevoll und hilfreich sie eigentlich ist und wie oft sie doch verkannt wird. Das mache ich nicht, weil es sich in der Theorie so gut anhört, sondern weil ich selbst erfahren durfte, dass es leichter wird, wenn ich mir erlaube, die Trauer auf diese Art zu betrachten – nicht als Übel, sondern als wertvolle Begleiterin in dieser so düsteren, vielleicht einsamen und herausfordernden Phase unseres Lebens.

Die Trauer ist der Mechanismus unserer Seele, der es uns überhaupt ermöglicht, schwere Verluste zu überleben. Mehr als das, ist sie es doch auch, die uns dabei hilft, all das wieder in uns zu integrieren, neuen Lebensmut und ein ganz neues Leben zu finden.

Meine Trauer ist Ausdruck meiner Liebe zu dir

Trauer möchte Zeit und Aufmerksamkeit. Sie lädt uns ein innezuhalten. Ja, zugegebenermaßen zwingt sie uns manchmal eher. Und doch – innezuhalten sehe ich als etwas sehr Wertvolles an, das wir viel zu selten tun. Innehalten und würdigen, was geschehen ist. Nachspüren, was es mit uns macht. Nachspüren, wo wir den Verstorbenen nun in uns finden können. In die Stille gehen und herausfinden, wer wir sind nach diesem Ereignis, das unser ganzes Leben auf den Kopf gestellt hat. Uns Zeit nehmen und sie diesem geliebten verstorbenen Menschen widmen, bevor wir weitergehen – mit ihm im Herzen. Stattdessen hetzen wir so oft an allem, was geschieht, vorbei. Wohin rennen wir eigentlich? Wozu sind wir hier, wenn nicht, um wirklich zu leben? Um zu erfahren und zu erspüren, was das Leben mit uns macht, selbst wenn es schmerzt? Sosehr wir es uns auch wünschen, das Leben hält sich meistens nicht an unsere Pläne. Was wäre, wenn wir uns erlauben, diese unvorhergesehenen, ungewollten und doch realen Planänderungen des Lebens in Ruhe zu betrachten? In Ruhe zu schauen, was sie mit uns und unserem Leben machen? Wer wir nun sind? Und ja, auch um in Ruhe zu fühlen, was da gefühlt werden will, so schmerzhaft das auch wieder und wieder sein mag. Nicht weil es schön wäre, das zu fühlen, sondern weil im Fühlen die Heilung liegt, weil im Fühlen die Chance auf Veränderung liegt. Diese Ruhe ist umso schwerer zu finden, je mehr Verpflichtungen du in deinem Leben hast. Vielleicht fragst du dich, wie du neben den Kindern, der Arbeit und dem Haushalt nun auch noch Zeit für deine Trauer finden sollst. Ich weiß, es ist schwer. Umso wichtiger ist es, in deinem vollen Alltag Räume für deine Trauer zu schaffen – egal, wie klein sie sein mögen.

Trauer nach dem Tod eines geliebten Menschen ist vor allem ein Ausdruck unserer Liebe zu dieser Person. Weil wir sie so sehr lieben, tut es jetzt so weh, dass sie nicht mehr da ist. Die Liebe hört nicht einfach auf, nur weil der Mensch nicht mehr da ist. Und das muss sie auch nicht. Die Liebe muss nicht mit dem Tod enden.

Trauer ist auch dafür da, diese Liebe und die Beziehung zum Verstorbenen zu wandeln. Zwar ist nun keine äußere Beziehung mehr möglich, wie es zu seinen Lebzeiten noch war, doch innerlich können wir weiter mit dem geliebten Menschen in Verbindung bleiben. Nach dem Verlust ist es die Trauer, die uns dabei hilft, die Realität seines Todes zu begreifen, einzuordnen und unsere Beziehung zum Verstorbenen zu wandeln. Für mich waren und sind diese bleibende, neue Beziehung zu Julian sowie die Tatsache, dass meine Liebe weiter fließen durfte, ganz wichtige Aspekte auf dem Weg in mein neues Leben ohne ihn. Erst als ich in dieser bleibenden Verbindung sicher war, konnte ich neu auf mich selbst schauen und neu in die Welt gehen.

Die Liebe darf weiter fließen, aber wo genau fließt sie nun hin? Auch in dieser Frage ist die Trauer an unserer Seite. Sie ist immer auch eine Suchbewegung. Sie sucht den geliebten Menschen, sie sucht die Liebe, sie sucht die Verbindung zu ihm. Es ist eine Suche nach uns selbst und dem Sinn hinter all dem. Gerade wenn schon eine gewisse Zeit vergangen ist, wird uns diese Suche umso bewusster. Der geliebte Mensch bleibt tot, verschwunden, kommt nicht zurück. Und die Trauer ist noch da. Sie bleibt an unserer Seite, um uns bei unserer Suche zu helfen. Wohin nun also mit ihr? Wie kann dieser Raum für die Trauer wirklich aussehen? Wie »geht« trauern auch dann, wenn sich die ersten Schmerzwellen ein wenig gelegt haben, dann, wenn mein Umfeld davon ausgeht, dass ich allmählich wieder voll im Leben stehe und weitergehe?

Was bedeutet Trauer für mich?

Es bleibt schwer greifbar: Was ist Trauer nun wirklich? Ein Gefühl, ein Prozess, eine Fähigkeit, eine Suche? Trauer, heißt das immer nur traurig sein? Was ist mit den anderen Gefühlen, die ich habe? Was gehört dazu, was darf sein und was davon ist

krankhaft? Wo muss ich aufpassen, auf wen kann ich hören? Wer sagt mir, wie Trauer auszusehen hat?
Ich will gar nicht erst versuchen, die Trauer zu definieren und sie mit dem Verstand zu beschreiben. Denn es würde am Ende doch nie ganz ihr Wesen treffen. Trauer ist so individuell und jeder erlebt sie anders. Wir alle kennen sie, sie ist in uns, sie gehört zu dem, was uns als Menschen ausmacht und verbindet. Ich lade dich ein, deine Trauer weniger mit dem Verstand zu begreifen als vielmehr mit dem Herzen zu erfühlen, sie wirklich offen zu betrachten, ganz neugierig zu erkunden. Ich lade dich ein, deine ganz eigene Antwort auf diese Fragen zu finden: Was ist Trauer für dich? Wie erlebst du deine Trauer?
Vielleicht macht es dir heute noch Angst, dort hinzusehen. Das ist völlig okay und sehr verständlich. Erlaube dir, diese Angst zu haben. Sie tut alles, um uns vor bedrohlichen Situationen zu bewahren. Das ist gut und richtig und darf gewürdigt werden. Angst zeigt uns oft den Weg, weil sie dort auftritt, wo Veränderung oder Heilung geschehen will. Das heißt aber nicht, dass es darum geht, ständig und in jeder Situation deine Angst zu überwinden. Das wäre ziemlich anstrengend und wenig liebevoll – und funktioniert sowieso nicht. Achte deshalb auf dein eigenes Tempo. Schau jederzeit, was für dich heute möglich ist. Am einen Tag magst du deine Angst überwinden, am nächsten kann es schon wieder anders sein. Schritt für Schritt. Bei allen Vorschlägen, die ich hier mache, kannst du dir immer das heraussuchen, was sich für dich gerade stimmig anfühlt. Alles andere leg einfach erst einmal zur Seite. Vielleicht ist es morgen dran oder in einem Monat oder einfach gar nicht, weil es nicht zu dir und deiner Trauer passt. Vertraue darauf, dass du selbst weißt, was gut für

Vertraue deinem Bauchgefühl, das bereits da ist, bevor das Denken einsetzt.

dich ist. Vertraue deinem Bauchgefühl, das bereits da ist, bevor das Denken einsetzt.

Wenn du magst, nimm dir jetzt einen Moment, um deiner Trauer zu begegnen. Suche dir dafür einen Ort, an dem du dich wohlfühlst, und sorge dafür, dass du eine Weile ungestört sein kannst. Du kannst für diese Übung liegen oder sitzen, je nachdem, was für dich angenehmer ist. Wenn du im Liegen schnell einschläfst, ist sitzen vielleicht eine bessere Idee. Mache es dir ganz bequem. Schließe die Augen und nimm ein paar tiefe Atemzüge – tiefe, weiche Atemzüge. Atme ganz bewusst durch die Nase ein und wieder aus. Spüre, wie der Atem durch deinen Körper fließt, wie er deinen Körper bewegt. Ganz sanft, unaufhörlich. Liebevoll. Und dann frage dich, wie deine Trauer wohl aussieht. Bitte sie, sich dir zu zeigen. Schau, was du wahrnehmen kannst. Vielleicht ist es ein Gefühl, vielleicht bekommst du ein Bild von ihr, vielleicht ist es ein Wort in deinem Kopf. Vielleicht erscheint auch gar nichts, dann versuche zu ergründen, was dieses »Nichts« ist. Wie ist seine Qualität und was findest du dahinter? Atme ganz weich und bleibe bei diesem »Nichts« oder bei dem, was sich dir gerade zeigt. Bewerte nicht, was du siehst. Atme weich, lass alle Härte aus deinem Körper fließen. Jedes Urteil über deine Trauer, so wie sie sich dir gerade zeigt oder nicht zeigt, darf durch die sanfte Berührung deines Atems schmelzen. Atme weich und begegne deiner Trauer, so wie sie sich dir jetzt zeigen möchte. Sei offen für das, was da ist. Es ist weder richtig noch falsch, es ist einfach. Spüre in dich hinein, wann du diese Übung beenden möchtest. Vielleicht reicht ein kleiner Impuls für heute, ein kleiner erster Kontakt mit deiner Trauer. Vielleicht magst du auch noch einen Moment mit deiner Trauer verweilen. Wenn du so weit bist, nimm einige tiefe Atemzüge und lasse langsam wieder die Bewegung in deinen Körper kommen. Öffne in deinem Tempo die Augen und komm wieder ganz dort an, wo du dich gerade befindest.

Du kannst diese Übung jederzeit wiederholen und dich so ganz behutsam deiner Trauer auf neue Art annähern.

Ich will das nicht mehr fühlen – auf der Suche nach einer Abkürzung durch den Schmerz

Nicht nur Traurigkeit gehört zur Trauer, auch Verzweiflung, Hoffnungslosigkeit und Wut sind oft ein Teil von ihr. Immer wieder höre ich von Trauernden, dass sie sich fürchten, sich in ihre Gefühle hineinzubegeben und diese wirklich zuzulassen. Oft ist damit die Angst verbunden, nicht mehr aussteigen zu können und in dem Gefühl hängen zu bleiben, womöglich in eine Depression zu geraten. Auch Menschen in unserem Umfeld handeln oft entsprechend und versuchen, die Trauer so schnell wie möglich wegzutrösten. Allzu oft bekommen wir bereits mit der ersten kleinen Träne im Augenwinkel ein Taschentuch unter die Nase gehalten, eine Umarmung, aufheiternde, ablenkende Worte. Wut oder Schuld haben womöglich noch deutlich weniger Raum als die Traurigkeit. Sofort werden wir beschwichtigt, das Gefühl der Schuld wird uns möglichst schnell ausgeredet. Damit einher geht immer wieder die Botschaft: »Es ist nicht okay, was du fühlst.« Niemand meint es böse, es ist uns einfach bloß so anerzogen worden. Häufig lernen wir schon als Kinder, unsere Gefühle zu kontrollieren, sie wegzudrücken, an das Positive zu denken, uns nicht so anzustellen. Natürlich kann Trauer in eine Depression führen oder diese auslösen, grundsätzlich sind das aber erst einmal zwei unterschiedliche Dinge. Meist hat eine Depression mehr mit dem »Nicht-Fühlen« von dem, was da eigentlich so dringend gefühlt werden will, zu tun, als mit dem Fühlen. Meine Botschaft lautet daher: Es ist alles okay, was du fühlst.

Oft erlauben wir uns schon im Kleinen kaum, zu fühlen, was es zu fühlen gibt. Wenn wir verliebt sind und aus der Beziehung nichts wird, heißt es sofort »Andere Mütter haben auch schöne Söhne (oder Töchter)«. Und bei banaleren Dingen wie einem verlorenen Gegenstand, der uns wichtig war, gelten wir womöglich als überempfindlich, wenn uns das überhaupt traurig macht. Selbst positive Gefühle werden häufig schnell wieder ausgeredet. Wir sollen uns dann lieber nicht zu früh freuen, wenn uns eine positive Nachricht erreicht. Es scheint zum Erwachsensein dazuzugehören, nicht übermäßig viel zu fühlen. Es gilt als erstrebenswert, Gefühle immer unter Kontrolle zu halten. Wie sollen wir dann nach einem so großen Verlust wissen, wie es gehen soll, die Gefühle stattdessen zu fühlen? Ich jedenfalls wusste es nicht und war absolut überfordert damit. Es tat alles so weh und ich fühlte mich all dem so ausgeliefert. Ich hatte keine Ahnung, wie ich es aushalten, und erst recht nicht, wie ich es ausdrücken konnte. Immer wieder fühlte ich für eine Zeitlang auch gar nichts. Es war wie ein »Not-Aus« meiner Psyche. Ich wusste nie so genau, was besser oder schlechter war: der große Schmerz oder die absolute Gefühllosigkeit. So gut wie nie weinte ich vor anderen Menschen. Ich konnte es einfach nicht. Ich hatte es wirklich nie gelernt, wie ich mich mit diesen Gefühlen verhalten sollte. Ich wollte meinen Mitmenschen nicht zur Last fallen, etwas in mir wollte weiter stark sein, selbst als ich innerlich schon fast komplett zerbrochen war. Ich war es gewohnt, Probleme mit meinem Verstand zu lösen, aber das hier, das ließ sich nicht über den Verstand erledigen. Völlig ungeübt traf mich diese große Welle der Gefühle, der ich nicht viel entgegensetzen konnte.

Also reagierte mein Körper. Das hatte er schon vor Julians Tod getan. Jetzt wurden die Symptome um ein Vielfaches stärker. Ich lernte, dass es mir und meinem Körper Erleichterung verschaffte, wenn ich mich hinsetzte und fühlte. Weinte. Ich lernte,

dass Tränen reinigend sein können, dass meine Trauer im Fluss sein will, dass sie gefühlt werden will.
Heute bin ich froh und dankbar, dass ich kaum eine andere Wahl hatte, als mich mit meinen Gefühlen auseinanderzusetzen. Natürlich hat sich das damals noch nicht so angefühlt. Heute weiß ich, dass sowieso kein Weg daran vorbeigeführt hätte. Wir können es hinauszögern, wir können versuchen, so schnell es geht irgendwie an den schmerzhaften Gefühlen vorbeizusausen – wirklich möglich ist es nicht. Nicht, wenn wir uns einen tiefen inneren Frieden damit wünschen. Nicht, wenn wir wirkliche Heilung erfahren wollen. Ein Teil von mir würde dir gerne etwas anderes sagen. Würde dir so gerne diese Abkürzung zeigen, durch die du gehen kannst, vorbei am Schmerz. Leider habe ich in all der Zeit keine gefunden. Das Einzige, was ich gefunden habe, ist eine andere, liebevollere, sanftere Einstellung meiner Trauer und auch dem Tod selbst gegenüber. Eine Hingabe an den Schmerz, die zunächst so surreal wirken mag, doch in Anbetracht der Tatsache, dass der Schmerz sowieso da ist, eigentlich die einzig logische Konsequenz ist. Ich gebe mich hin, gebe den Kampf auf und lasse mich fallen. Mitten hinein in den Schmerz, um am anderen Ende wieder herauszukommen.
Das hier ist kein Wettkampf, den du gewinnen musst. Aufgeben bedeutet nicht, dass du verlierst, bedeutet keine Niederlage. Aufgeben heißt lediglich, nicht mehr weiter anzukämpfen gegen etwas, das du auf diese Art gar nicht besiegen kannst. Du darfst vertrauen, dass deine Trauer dir immer nur so viel zumutet, wie du gerade aushalten kannst. Sie kommt und geht in Wellen. Aufhalten kannst du diese Wellen nicht, wohl aber lernen, anders damit umzugehen. Anstatt gegen sie zu kämpfen, kannst du lernen, mit ihnen zu schwimmen.

Mein Umfeld versteht nicht, dass ich immer noch traurig bin

Unser Umfeld macht es uns oft nicht unbedingt leichter, unsere Trauer zu fühlen und sie zuzulassen. Viele Trauernde fragen sich, wie sie denn bloß inmitten ihres vollgestopften Alltags einen Raum für ihre Trauer finden können. Wie soll das gehen, wenn Familienangehörige, Freunde oder Arbeitskollegen es ihnen so gar nicht zugestehen wollen?

Es ist wirklich schwer in einer Welt, in der die Trauer nicht gewollt ist. Oft habe ich damit gehadert und mich gefragt, warum ich nicht in einer Zeit und einer Gesellschaft leben kann, in der ich wirklich darin unterstützt werde, mir und meiner Trauer den Raum zu geben, den wir brauchen. Ich glaube nach wie vor fest daran, dass ein auf diese Art unterstützendes Umfeld so vieles leichter machen würde. Natürlich würde es nicht den Schmerz nehmen, aber zumindest diesen Kampf drumherum, diese verzweifelte Suche nach Orten, wo ich mit meiner Trauer sein kann, und all die Fragen, ob ich noch »normal« bin. Der Schmerz über den Verlust eines geliebten Menschen ist schon schwer genug und dann begegnen uns im Alltag so viele weitere Herausforderungen. Ich träume von einer Welt, in der wir auf ganz natürliche Art mit dem Tod und der Trauer umgehen, in der wir einander genauso sein lassen, wie wir sind, und uns darin unterstützen, so zu trauern, wie es für uns richtig ist. Eine Welt, in der wir einander nah sind in unserer menschlichen Erfahrung. Eine Welt, in der jeder seine Gefühle fühlt und deshalb keine Angst mehr haben muss vor den schmerzhaften Gefühlen der anderen. In der wir kein Wegtrösten und keine unüberlegt dahingesagten Ratschläge mehr brauchen, weil wir fähig sind, den Schmerz des anderen mit auszuhalten. Eine Welt, in der wir einander unterstützen. Eine Welt, in der wir unsere Erfahrungen miteinander teilen und voneinander ler-

nen, statt uns voreinander zu verschließen. Eine Welt, in der das Innehalten genauso dazugehört wie das Tun.
Ein schöner Traum. Noch ist er nicht Realität und so sind es vor allem wir selbst, die für uns und unsere Bedürfnisse einstehen dürfen. Auch deshalb schreibe ich dieses Buch, begebe ich mich auf diese Art mit dir auf die Reise. In Gestalt dieses Buches sitze ich neben dir und kann dir sagen: Ich sehe dich in deiner Trauer. Ich sehe, wie du deinen Weg gehst. Du darfst dir selbst vertrauen. Deine Trauer kennt den Weg bereits und du darfst dir erlauben, ihn zu gehen.
Ich weiß: Es ist schwer. Denn immer wieder begegnen dir Hindernisse, stößt du auch in deinem Umfeld an deine Grenzen. Ich bin diesen Weg selbst gegangen und reiche dir aus meiner eigenen Erfahrung heraus die Hand. Wissend, dass du bereits alles in dir hast, was du brauchst. Es ist egal, was andere sagen. Es ist egal, was sie meinen, was gut und richtig wäre für dich und deine Trauer. Sie können es niemals so gut wissen wie du selbst. Sie haben nicht erlebt, was du erlebt hast. Sie haben nicht gesehen, was du gesehen hast. Selbst jemand, der etwas Ähnliches erlebt hat, kann nicht wissen, was für dich ganz persönlich richtig ist. Auch ich weiß es nicht. Ich weiß nur, dass du es weißt. Und ich möchte dich ermutigen, darauf zu hören. Egal, was andere sagen. Es wird immer jemanden geben, der findet, dass du es anders machen solltest. Das ist okay, das darf bei demjenigen bleiben. Denn es ist eine Aussage über ihn, nicht über dich. Niemand hat das Recht, über dich und deine Art der Trauer zu urteilen.
So, wie du es machst, ist es genau richtig. Es muss dir heute noch nicht wieder gut gehen. Du darfst traurig sein, weil es wirklich traurig ist. Du brauchst keinen zusätzlichen Grund für deine Gefühle. Wenn es dich heute überkommt, egal wie lange der Tod deines lieben Verstorbenen her ist, dann ist das okay. Und

wenn es dir gerade erstaunlich gut geht, ist auch das in Ordnung.

Vertraue dir selbst – du allein bist der Experte für deine Trauer. Und gleichzeitig sind Menschen hilfreich, die dich in deiner ganz persönlichen Art zu trauern unterstützen. Es kann sein, dass dein jetziges Umfeld das nicht leisten kann. Womöglich sind viele von ihnen hilflos und geben dir aus ihrer Überforderung mit dem Thema heraus Ratschläge, die nicht zu dir passen. Deine Situation ist gar nicht so einfach zu verstehen, wenn man es selbst nicht erlebt hat. Wie hättest du wohl vor dem Tod deines geliebten Menschen auf die Trauer einer anderen Person reagiert? Das heißt nicht, dass du dein jetziges Umfeld verlassen musst. Aber es ist hilfreich, wenn du dir zusätzlich Menschen suchst, die dich darin unterstützen, so zu trauern, wie es dir entspricht. Menschen, die dich darin unterstützen, dir den Raum zu nehmen, den du brauchst. Vielleicht sind es vertraute Freunde und Freundinnen, vielleicht entfernte Bekannte, bei denen du auf einmal feststellst, dass es dir jetzt guttut, mit ihnen zusammen zu sein. Vielleicht sind es auch bislang unbekannte Menschen: andere Trauernde etwa oder Menschen, die dich professionell in deiner Trauer begleiten.

Erlaube dir, dir selbst zur Seite zu stehen und gut für dich zu sorgen.

Erlaube dir, dir selbst zur Seite zu stehen und gut für dich zu sorgen. Und hole deinen lieben Verstorbenen zu dir. Immer wieder, ganz bewusst. Auch er versteht, dass du jetzt traurig bist. Er mag sich wünschen, dass es dir gut geht, aber er versteht auch, dass das noch eine Weile braucht. Ja, ich kann mir vorstellen, dass er selbst auch traurig ist, dich so zu sehen. Traurig, dass er dir nicht wie früher als Mensch zur Seite stehen kann. Auf dem Weg durch die Trauer kann er dennoch von dort, wo er jetzt ist, zu einem deiner wichtigsten Begleiter werden. Und dann ist da noch die Trauer selbst, die dich begleiten möchte.

Ich schaffe Raum für meine Trauer

Wenn ich von dem Raum spreche, den die Trauer benötigt, um dich auf deinem Weg begleiten zu können, dann können das sowohl bestimmte Zeiten in deinem Alltag sein als auch tatsächliche Orte. Womöglich ist es eine Kombination aus beidem.
An welchen Orten fühlst du dich sicher, um mit deiner Trauer gut sein zu können? Ist es ein Ort zu Hause oder vielleicht in der Natur? Ist es gemeinsam mit bestimmten Menschen oder lieber alleine? Ist es womöglich beides? Gibt es vielleicht mehrere Orte, an denen deine Trauer sein kann?
So individuell wie dein Leben werden auch die Räume sein, die du für deine Trauer schaffst. Fällt es dir im Alltag schwer, überhaupt einmal Zeit zum Trauern zu finden, weil es ständig so viele andere Dinge zu tun gibt? Was hältst du von der Idee, dir ganz bewusst eine bestimmte Zeit pro Woche, pro Tag oder in einem für dich stimmigen Abstand einzurichten, die nur für dich und deine Trauer reserviert ist? Eine Verabredung mit deiner Trauer sozusagen. Suche dir dafür einen Ort, an dem du dich wohlfühlst und an dem du ungestört bist. Halte diese Zeit wirklich für deine Trauer frei. Sie ist mindestens genauso wichtig wie deine anderen Verabredungen.
Vielleicht bemerkst du, dass deine Trauer sich nicht so gerne auf Verabredungen einlassen möchte. Vielleicht kommt und geht sie, wann sie will. Vielleicht ist die Frage nach dem Raum für dich sogar ganz unsinnig, weil sie sich sowieso scheinbar jeden Raum nimmt, den sie kriegen kann. Doch auch dann kannst du einmal ausprobieren, wie es ist, wenn du dich ganz bewusst mit ihr verabredest. Das heißt nicht, dass sie nur zu diesen verabre-

deten Zeiten da sein darf, aber es können Zeiten sein, in denen du ihr deine volle Aufmerksamkeit schenkst. Ganz ohne Abwehr oder Widerstand. Zeiten, in denen du dich ganz dem Fühlen oder der Begegnung mit ihr widmest. Wenn auch dein Verstand zu seinem Recht kommen und womöglich etwas über die Theorie hinter der Trauer erfahren möchte, kannst du diese festen Zeiten nutzen, um Bücher über die Trauer oder Erfahrungsberichte von anderen zu lesen. Vielleicht hast du auch das Bedürfnis, dich mit anderen auszutauschen oder einfach nur für dich zu sein. Es geht darum, das zu tun, was gerade gut für dich ist.

Und dann stellt sich die Frage, wie wir damit umgehen, wenn die Trauer sich zu den scheinbar unpassendsten Momenten ihren Raum nimmt. Inmitten eines Geschäftsmeetings, im Supermarkt, auf einer Geburtstagsfeier oder im Restaurant. Manchmal reicht ein Lied, das uns an den Verstorbenen erinnert, oder einfach ein Gedanke. Und schon sind die Tränen da. Alle Trauernden kennen diese Situationen. Es mag dir peinlich oder unangenehm sein. Aber es ist nicht falsch oder schwach, wenn du deine Tränen nicht ständig unter Kontrolle hast. Du darfst dich deinen Mitmenschen auch durchaus mit deiner Trauer zumuten. Ich weiß, das ist nicht immer so einfach. Ich selbst bin immer zum Weinen auf die Toilette gegangen, damit es keiner mitbekommt. Auch das kann ein Raum für die Trauer sein inmitten eines Alltags, der manchmal keine andere Möglichkeit bietet.

Der Raum für die Trauer ist vor allem ein innerer Raum. Es ist ein Zulassen der Gefühle, die da sind. Oft erscheint es uns, als wäre es nicht möglich zu trauern. Man lässt uns ja nicht. Da sind die Arbeit, Familie, Verpflichtungen, Erwartungen, da sind so viele Dinge und Gelegenheiten, die uns vom Trauern abhalten. Und zugleich dürfen wir ganz ehrlich in uns hineinspüren. Ist da wirklich keine Zeit oder möchte ich mich in Wahrheit nicht damit auseinandersetzen? Bin ich vielleicht sogar dankbar dafür, dass ich es gerade nicht fühlen muss? Auch hier sage ich: Das ist okay. Wichtig ist nur, es bewusst wahrzunehmen. Je bewusster wir sind, desto weniger ausgeliefert fühlen wir uns gegenüber dem, was mit uns geschieht. Es ist völlig in Ordnung, wenn du im Moment wenig oder gar keinen Raum für deine Trauer zulassen kannst. Du allein weißt, was gerade für dich möglich ist. So kannst du auch selbst die Entscheidung treffen, dich deiner Trauer heute zuzuwenden oder nicht.

Ich sorge gut für mich

Im Mittelpunkt steht für mich immer wieder die Frage, wie du möglichst gut für dich sorgen kannst. Wo kannst du Kraft einsparen, die du so dringend für deine Trauer und dich selbst brauchst? Ist es wirklich nötig, jeder Einladung zu folgen, wenn du dich womöglich unter all den Menschen nicht wohlfühlst oder von der Angst beherrscht wirst, dass sich die Trauer genau in dieser Zeit ihren Raum nehmen möchte? Welche Vereinbarungen kannst du mit deinem Chef treffen, was deine Arbeit betrifft? Wenn du viel mit Kunden zu tun hast und dir das in dieser Zeit schwerfällt, ist es dann möglich, Aufgaben zu wechseln, vielleicht sogar eine andere Position innerhalb der Firma einzunehmen? Vielleicht ist es an der Zeit für etwas ganz anderes? Wäre eine längere Auszeit möglich oder tut es dir eher gut, durch deine Arbeit eine gewisse Struktur beizubehalten, die dir Halt gibt? Welche Veränderungen sind jetzt möglich, die dir dabei helfen, diesen Weg mit deiner Trauer zu gehen?

Es hilft niemandem, wenn du dich für andere verbiegst und es dir noch zusätzlich schwer machst.

Die Trauer selbst kostet schon so viel Kraft. Sie möchte einen guten Platz in unserem Leben, damit sie sich Stück für Stück wandeln kann. Das heißt nicht, dass sie dein ganzes Leben einnehmen möchte. Ablenkung und Orte, an denen sie etwas weniger präsent ist, sind genauso wichtig wie die Räume, in denen du sie ganz intensiv spüren kannst. Es geht nicht nur darum, Dinge zu lassen, die dir Kraft rauben, sondern umgekehrt auch zu schauen, was dir Kraft gibt.

Wo sind deine ganz persönlichen Kraftquellen? Tut es dir gut, in die Natur zu gehen? Mit bestimmten Menschen zusammen zu sein? Ist deine Arbeit erfüllend und kraftspendend? Egal, was es ist: Wie kannst du mehr davon in dein Leben bringen – vielleicht im Tausch gegen die Dinge, die dir Kraft rauben?

Womöglich stehen dir einige deiner früheren Kraftquellen nicht mehr zur Verfügung und es geht auch darum, neue zu finden. Ich habe mich selbst lange gefragt, wo ich nun Kraft hernehmen soll, wo doch Julian immer ein wichtiger Kraftquell für mich gewesen war. Viele Dinge, die wir gemeinsam gemacht haben, konnte ich jetzt nicht mehr genießen. Selbst wenn es Dinge waren, die ich bereits lange Zeit, bevor wir uns kannten, gerne gemacht hatte. So habe ich zum Beispiel immer schon gerne fotografiert. Es war eines der Hobbys, die uns von Anfang an verbunden haben. Nun war er tot und ich empfand keine Freude mehr dabei, meine Kamera in die Hand zu nehmen.

Wo kannst du Kraft einsparen, die du dringend für dich und deine Trauer brauchst?

Es kann auch darum gehen, diese Kraftlosigkeit zunächst zuzulassen. In manchen Zeiten kostet selbst die Suche nach neuen Kraftquellen zu viel Kraft. Auch das ist okay. Dann schau danach, welche kleinen Dinge es gibt, die du für dich tun kannst. Kannst du dir heute erlauben, ganz so zu sein, wie du bist – auch mit allem, was gerade nicht gelingen mag?

Es muss mir noch nicht gut gehen, aber es darf schöne Momente geben

Auch nach einem, zwei oder mehreren Jahren muss es dir noch nicht gut gehen. Natürlich wünsche ich es dir und wünschen es dir wohl alle Menschen um dich herum, dass du einen Weg findest, wie dein Leben wieder gut und lebenswert sein kann. Doch auch wenn du ihn bis heute nicht oder nur bedingt gefunden hast, ist das völlig in Ordnung. Ich kann mir gut vorstellen, dass auch und gerade dein lieber Verstorbener Verständnis dafür hat. Klar würde er es anders wollen, aber er würde doch auch keinen Druck auf dich ausüben, wenn es nun gerade eben noch nicht möglich ist. Ehrlich gesagt, kann ich jeden Menschen verstehen, der in Anbetracht eines solch schmerzhaften Verlustes zumindest eine Weile lang aufgibt. Ich habe mich oft gefragt, wer eigentlich bestimmt, dass ich das schaffen muss. Wer sagt, dass ich einen Weg finden muss, wenn es doch so unmöglich erscheint, wenn alles so düster, anstrengend und leer ist. Immer wieder drehte ich mich scheinbar im Kreis und sah den Ausgang nicht. Irgendwo musste er sein, aber ich fand ihn einfach nicht. Immer wieder fragte ich mich, was eigentlich passieren würde, wenn ich einfach aufhöre zu suchen. Wenn ich einfach zulassen würde, dass die Trauer mich verschlingt.

All diese Gedanken sind okay und nachvollziehbar. Diese schreckliche Hoffnungslosigkeit, das Gefühl, dass es niemals wirklich besser werden kann. Wie soll es auch, er bleibt einfach tot. Das ist nach wie vor nicht zu begreifen. Es ist okay, wenn du den Verlust immer wieder auch nicht wahrhaben möchtest. Natürlich weißt du, dass es wahr ist, und zugleich darfst du es auch immer wieder anzweifeln. Auch das gehört in dieser außergewöhnlichen Situation dazu. Deine Trauer sucht nach dem Verstorbenen. Inmitten deiner Liebe möchte sie ihn finden. Und manchmal probiert sie diese wunderbare Vorstellung aus, dass es einfach nicht wahr sein könnte. Wie schön wäre das, wenn er plötzlich wieder in der Tür stünde. Wenn alles nur ein böser Albtraum gewesen wäre.

Du bist genau richtig, so wie du bist. Immer. Es muss dir nicht gut gehen und es muss dir auch nicht schlecht gehen. Vielleicht gibt es zwischendurch ganz unverhofft schöne Momente, vielleicht sogar richtige Auszeiten von deiner Trauer. Dann erlaube sie dir. Erlaube dir zu fühlen, was du fühlst. Erlaube dir zu sein, wer du bist. Gerade jetzt, inmitten dieser Zeit, in der du dich vielleicht selbst kaum wiedererkennst. Erlaube dir, alle Ideen, wie es sein müsste, immer wieder beiseitezulegen. Vielleicht hattest du früher eine Idee, wie es wäre, wenn ein lieber Mensch sterben würde, wie du mit Trauer und Tod umgehen würdest. Vielleicht hattest du zu Beginn deiner Trauer gewisse Vorstellungen, wie lange es dauern würde oder welche Schritte du zum jetzigen Zeitpunkt bereits gegangen sein würdest. Nun ist es anders als gedacht. Das ist kein Scheitern und auch kein Grund zur Sorge, zeigt es doch vor allem, dass wir unser Leben, unsere Reaktionen und unsere Gefühle nicht planen können. Wer weiß schon vorher, wie sich so ein Verlust anfühlen wird? Wer kann schon vorher alles absehen, was uns auf diesem Weg begegnet?

Es muss dir noch nicht gut gehen, nur weil du es selbst erwartet hast oder weil andere es von dir erwarten. Es darf dir schlecht gehen. Das heißt nicht, dass es für immer so bleiben wird oder gar soll, aber jetzt gerade darf es so sein. Und wenn es jetzt sein darf, kann es sich später auch wieder wandeln.

Veränderung entsteht, wenn ich aufhöre, etwas verändern zu wollen

Immer wieder staune ich darüber, wie sich die Dinge wandeln können, sobald wir den Kampf und den Widerstand aufgeben und aufhören, etwas verändern zu wollen. Es ist scheinbar paradox. Solange wir es noch unbedingt anders haben wollen, bleibt es ganz hartnäckig so, wie es ist. Wenn wir diesen Versuch aufgeben, wenn wir die Dinge Schritt für Schritt so annehmen, wie sie sind, geschieht auf einmal eine Veränderung, mit der wir womöglich gar nicht mehr gerechnet haben. Vielleicht ist das so, weil Energie immer dorthin fließt, wohin wir unsere Aufmerksamkeit richten. Wenn wir immerzu darüber nachdenken, wie wir das Unerwünschte loswerden können, speisen wir es in Wahrheit mit immer mehr Energie. Das kostet Kraft und führt nicht zur gewünschten Veränderung. Vielleicht hat es auch andere Gründe. Vielleicht müssen wir es gar nicht wissen, solange wir es doch erfahren.

Es ist schwer, dieses Phänomen mit Worten zu erklären, der Verstand kann es womöglich gar nicht in seiner Tiefe erfassen. Deshalb möchte ich dich an dieser Stelle einladen, einen Moment innezuhalten und dem eben Gelesenen nachzuspüren. Wenn du möchtest, suche dir wieder einen ruhigen Ort, an dem du dich wohlfühlst und nicht gestört wirst. Schließe die Augen und nimm ein paar weiche, vielleicht etwas vertiefte Atemzüge. Spüre, wie du nun dasitzt. Wie fühlt sich dein Körper heute an? Spüre, wie dein Atmen ihn ganz sanft von innen berührt und bewegt. Spüre, wie es vielleicht Verspannungen gibt, Schmerzen oder Stellen, die sich nicht gut anfühlen. Lasse deinen weichen Atem ganz behutsam und sanft an diese Stellen fließen. Erlaube dir, genau so zu sein, wie du gerade bist. Erlaube deinem Körper, genau so zu sein, wie er heute ist. Mit allem, was sich womöglich nicht gut anfühlt. Erlaube dir auch, genau das zu fühlen, was hier und jetzt gefühlt werden möchte. Versuche nicht, es zu verändern, nimm es einfach nur wahr und atme hinein. Lass dich hineinsinken in deinen Körper und in dein Gefühl. Atme ganz weich und liebevoll, lass alle Härte und Anstrengung über deinen Atem aus deinem Körper hinausfließen. Spüre selbst, wie lange du diese Übung machen möchtest. Du allein weißt, wie lange es sich heute stimmig anfühlt. Atme noch ein paar Mal tief in deinen Bauch und komm langsam wieder im Hier und Jetzt an. Lade ganz sanft die Bewegung wieder in deinen Körper ein, öffne die Augen und sei wieder ganz da.

Auf diese Art kannst du in deinem Alltag immer wieder kurz innehalten und wahrnehmen, was gerade da ist. Du kannst diese Übung an einem ruhigen Ort zu Hause machen und dann auch unterwegs damit experimentieren. Versuche immer wieder, dir deine eigenen Urteile über das, was da ist, bewusst zu machen. Es geht jedoch nicht darum, diese Urteile möglichst schnell loszuwerden, denn auch sie dürfen erst einmal sein. Nimm wahr, wie du urteilst, wie du über dich selbst und deine Trauer denkst. Was sagst du innerlich über dich in Momenten, in denen deine Gefühle dich überrollen? Wie redest du zu dir selbst und was würdest du einer Freundin in der gleichen Situation sagen?

Der erste Schritt einer Veränderung liegt immer im Erkennen dessen, was ist.

Zu diesem Innehalten und Spüren möchte ich dich wirklich von Herzen einladen. Wenn du dir deiner Trauer und deines eigenen Umgangs mit ihr Stück für Stück bewusst wirst, kann es im nächsten Schritt darum gehen, anders damit umzugehen. Der erste Schritt einer Veränderung liegt immer im Erkennen dessen, was ist.

Es geht um dein grundlegendes inneres »Ja«. Inmitten all der Abwehr gegen das Schicksal und den Tod selbst darf dieses sanfte »Ja« entstehen. »Ja, ich nehme meine Trauer an. Ja, ich lasse sie in mein Leben. Und ja, vielleicht sage ich sogar Ja zu allem, was geschieht. Ich finde es gerade noch nicht schön, aber ich sage Ja zum Leben.«

Meiner Trauer Ausdruck verleihen

Die Trauer benötigt ihren Raum. Zeit in unserem Alltag, einen Ort, an dem sie sein kann. Doch was dann, wie drücke ich meine Trauer dort aus? Was braucht es an diesem Ort, wie will sie dort sein?

Ich lade dich vor dem Lesen dieses Kapitels dazu ein, noch einmal einen Moment innezuhalten, einige weiche, sanfte Atemzüge fließen zu lassen und nachzuspüren: Wie nimmst du deine Trauer jetzt, genau in diesem Moment, wahr? Welche Art von Besucherin ist sie heute für dich? Ein willkommener Gast oder eher ein ungebetener? Wie sieht sie aus, welchen Aspekt von sich zeigt sie dir heute? Wie könntest du diesen Aspekt nach außen bringen? Was könnte ein Ausdruck sein für die Trauer, so wie sie sich dir jetzt gerade zeigt? Wie würde sie sich zeigen, wenn du sie nicht zensieren würdest? Atme weich und achte auf die Bilder, Gefühle oder Gedanken, die in dir aufsteigen. Lass dich in deinen Körper sinken. Lass dich ganz neugierig darauf ein, was sich dir heute zeigen möchte. Wo in dir kannst du deine Trauer heute wahrnehmen? Was ist da in dir, was nach außen will? Was ist da in dir, das liebevoll angesehen werden möchte?

Krankheit als Ausdruck meiner Trauer

Trauer möchte gefühlt und ausgedrückt werden. Trauer, die nicht nach außen darf, die weggedrückt wird, vergräbt sich womöglich in unserem Körper oder in den Tiefen unserer Psyche. Sie begleitet uns, ohne dass wir zuordnen können, woher die Symptome, Ängste oder Beschwerden kommen, die sie uns schickt. So ist Krankheit eine Möglichkeit, wie sich Trauer ausdrücken kann. Seelischer und körperlicher Schmerz liegen ganz nah beieinander. Im Gehirn zeigen sie sich gar in der Aktivität derselben Bereiche. Viele Trauernde berichten von Schmerzen im Herzen, von einer Enge im Brustraum, die das Atmen erschwert, von einer wie zugeschnürten Kehle, von Einschränkungen ihrer körperlichen Beweglichkeit oder von unabhängig von Ernährung oder anderen Faktoren auftretenden Bauchschmerzen. Solltest du ähnliche oder ganz andere Beschwerden haben, ist es natürlich gut und wichtig, diese ärztlich abklären zu lassen. Doch möglicherweise findet sich keine erkennbare körperliche Ursache. Es ist die Trauer selbst, die uns förmlich die Luft zum Atmen nimmt und das Herz bluten lässt, das tief verletzt ist durch die Abwesenheit dieses einen geliebten Menschen. Die Trauer drückt sich über unseren Körper aus, wird spürbar auch auf dieser Ebene. Manchmal fühlt es sich so an, als würde sie sich verselbstständigen, als gäbe es keinen Zugang mehr zu den Gefühlen, die hinter den körperlichen Symptomen liegen.

Ich habe mich meiner tiefen Erschöpfung und meinen körperlichen Beschwerden über lange Zeit immer wieder ganz und gar ausgeliefert gefühlt. Sie schienen mich auszuschalten, lahmzulegen, mir einen Wiedereinstieg in die Welt da draußen unmöglich zu machen. Und als ob das nicht schon anstrengend genug gewesen wäre, habe ich mir obendrein Vorwürfe gemacht, weil ich es doch eigentlich besser hinkriegen müsste. Was war nur mit meinem Kopf los, dass ich diese Situation nicht unter Kontrolle zu kriegen schien? Was war nur kaputt in mir? Rückblickend war es wohl meine Art, diesen tiefen Schmerz auszudrücken, den ich anders über lange Zeit kaum zeigen konnte. Mit seinen Symptomen hat mir mein Körper dabei geholfen, Schritt für Schritt anders auf mich, meinen Körper und meine Trauer zu blicken. Und Wege zu finden, das, was in mir drin war, auf andere Arten nach außen zu bringen und so den inneren Druck langsam abzubauen.

Idealerweise bilden Körper, Geist und Seele eine Einheit. Nach dem Schock durch den Tod eines geliebten Menschen kann diese Einheit aus der Balance geraten. Die Seele zieht sich womöglich ein Stück zurück, bewohnt den Körper nicht mehr vollständig. Aus schamanischer Sicht würde man sagen, dass sich ein Seelenanteil abspaltet, um diesem Trauma, dieser schmerzhaften Erfahrung zu entfliehen und sich zu schützen. Wir sprechen dann davon, dass ein Teil von uns mit gestorben ist, der Verstorbene etwas von uns mitgenommen hat. Auf eine Art stimmt das wohl und zugleich kann der Teil, der gegangen ist, wieder zu uns zurückkehren. Wir dürfen wieder vollständig und ganz werden. Die Trauer ist auch der Weg zurück in diese Einheit.

Es kann auch sein, dass wir durch andere Umstände bereits vor langer Zeit aus der Balance geraten sind. Dann ist die Trauer womöglich der Anlass, zum ersten Mal bewusst wahrzunehmen, dass Körper, Geist und Seele nicht mehr in dieser Einheit sind. Vielleicht zum ersten Mal werden wir gezwungen, innezuhalten und uns mit uns selbst auseinanderzusetzen. Das fühlt sich oft unglaublich schmerzhaft an. Gleichzeitig steckt eine sehr große Chance darin, womöglich ein wirklich großes Geschenk. Keins, das sofort ersichtlich ist, keins mit schöner, bunter Verpackung, das wir direkt dankend und freudig annehmen. Wenn wir es dennoch entdecken, dann wird es uns umso wertvoller vorkommen. Nur wenn wir wissen, dass etwas nicht in Balance ist, können wir auch herausfinden, was notwendig ist, um diese Balance Schritt für Schritt wieder herzustellen.

Unser Körper in seiner Gesamtheit ist ein hochkomplexer, feinfühliger Wahrnehmungsapparat. Über den Körper drückt sich unsere Seele in der Welt aus und unsere Gefühle finden immer auch im Körper statt. Ein Ziehen im Bauch, Wärme im Herzen oder Schwere auf den Schultern. Dabei ist unser Körper nicht nur zuständig für unsere Wahrnehmung, sondern auch ein wichtiges Instrument um auszudrücken, was in uns vorgeht. Wenn wir traurig sind, stehen wir meist nicht aufrecht und strahlend da, sondern eher versunken und mit herunterhängenden Schultern. Wenn du merkst, dass dich ein bestimmter Gedanke oder die immer wiederkehrenden Fragen förmlich erdrücken, dann nimm einmal wahr, wie deine Körperhaltung dazu ist. Was geschieht, wenn du in diesem Moment ganz bewusst deine Haltung veränderst? Es findet stets eine Wechselwirkung statt zwischen Gefühlen, Gedanken und unserem Körper. Genauso kannst du auch deinen Körper nutzen, um deine Trauer einzuladen. Wie fühlt es sich an, wenn du einmal deine aufrechte Haltung verlässt und dich ganz bewusst klein machst? Wie fühlt es sich an, wenn du die Anspannung in deinem Körper loslässt?

Ich mute mich zu

Dem Wunsch oder dem Versuch, unsere Trauer auszudrücken, steht häufig die Frage entgegen, wem wir uns damit zumuten können. Nicht, weil du mit deiner Trauer eine »Zumutung« im negativen Sinne bist, sondern weil wir tatsächlich nicht erwarten können, dass jeder diese Gefühle mit uns tragen kann und möchte. Meist haben wir auf die eine oder andere Art gelernt, dass wir uns deshalb lieber zurückhalten sollten. »Negative« Gefühle scheinen Privatsache zu sein, etwas, das wir in Stille mit uns selbst ausmachen. Deshalb zeigen wir einander oft nur eine aufpolierte Seite von uns. Die dahinterliegende, schmerzhafte, vielleicht auf eine Art »hässliche« Seite verstecken wir lieber, aus Angst, abgelehnt zu werden. Ich kenne diese Angst sehr gut. Selbst jetzt beim Schreiben spüre ich diesen leisen Schmerz in meinem Herzen – alleine bei dem Gedanken daran, von anderen abgelehnt zu werden. Es ist ein tiefes, menschliches Bedürfnis, Zugehörigkeit zu erfahren. Wir möchten angenommen werden, gemocht und geliebt. Wir sehnen uns nach einer Gruppe, zu der wir gehören dürfen. Das ist sinnvoll, schließlich sind wir Menschen nicht darauf ausgelegt, ganz alleine durch die Welt zu gehen. Vor noch gar nicht allzu langer Zeit wäre ein Überleben ohne Familie und ohne Gemeinschaft in der Welt kaum möglich gewesen.

Ist es dann also tatsächlich besser, mich nicht zuzumuten, mich nicht zu zeigen mit meinem Schmerz, meinen »unschönen« Gefühlen, meinen Schattenseiten oder Abgründen? Was, wenn ich damit nicht gemocht werde? Wer sollte mich schon mögen mit all dem? Wer würde schon an meiner Seite bleiben wollen, wenn ich ihm einen Blick in meine Abgründe erlaube? Ist es nicht besser, mich zu verstellen, mich zu verstecken, anstatt am Ende ganz alleine zu sein in dieser Welt?

Ich will ganz ehrlich sein. Vermutlich wird es Menschen geben, die sich von dir abwenden, wenn du dich mit deiner Trauer mehr zeigst. Menschen, die lieber deine polierte Seite sehen wollen. Menschen, die dir sagen, dass es jetzt endlich einmal gut sein muss, dass das Leben doch weitergeht. Sie sagen das, weil sie sich vielleicht selbst nicht erlauben, ihre eigenen »hässlichen« Seiten anzusehen. Weil sie Angst davor haben. Vielleicht auch einfach, weil es ungewohnt für sie ist, wenn du dich plötzlich anders zeigst, sie dich womöglich kaum wiedererkennen. Nicht jeder wird bereit sein, sich auf deine Veränderung einzulassen. Nicht jeder wird deine Art, dich zu zeigen, gut finden. Auch wenn es sich anders anfühlen mag: Diese Ablehnung hat wenig mit dir zu tun. Es heißt nicht, dass du »falsch« bist. Du hast etwas erlebt, das viele um dich herum so (noch) nicht erlebt haben. Der Verlust deines lieben Menschen hat dich verändert und diese Veränderung mag dazu führen, dass es mit manchen Menschen nicht mehr so passt wie früher. Auf unserer Reise durchs Leben gehen wir einige Schritte oder Abschnitte zusammen. Und dann womöglich auch wieder getrennte Wege. Und wer weiß, wann sie uns noch einmal zusammenführen, wenn es so sein soll. Manche Menschen können und wollen den Weg der Trauer mitgehen, andere nicht. Und neue Menschen werden kommen.

Wir müssen uns nicht jedem Menschen auf gleiche Art und Weise zumuten. Mit manchen Menschen können wir vielleicht gemeinsam weinen, mit anderen tut es gut, einfach Spaß zu haben, und mit wiederum anderen können wir schier endlos reden. Es geht nicht darum, dich nur noch mit Menschen zu umgeben, die jeden Aspekt deiner Trauer zu jeder Zeit willkommen heißen. Es geht darum, dich mit Menschen zu umgeben, die dir jetzt gerade guttun.

Du bist keine »Zumutung«, nur weil du in Trauer bist

Du bist keine »Zumutung«, nur weil du in Trauer bist. Und wenn doch für manch einen dein Schmerz zu viel sein mag, liegt es nicht an dir. Es heißt nicht, dass du zu viel bist. Es heißt nur, dass derjenige es nicht aushalten kann, weil es vielleicht etwas in ihm berührt oder weil er es nicht ertragen kann, dich so leiden zu sehen. Wir alle sind Menschen mit unseren eigenen Verletzungen und Geschichten. Aufgewachsen in einer Welt, in der wir immer weniger lernen, mit Gefühlen umzugehen, weder mit unseren eigenen noch mit denen der anderen. Es ist ein Geschenk, wenn da jemand ist, der deine Trauer und deine Gefühle tragen kann. Versuche, es nicht als Verrat zu sehen, wenn jemand anderes es nicht kann.

Mich zeigen, wie ich bin

Als ich den Mut hatte, mich zu zeigen, wie ich bin, und mich anderen so zuzumuten, wurden ganz neue, tiefere Verbindungen möglich. Denn nur, wenn ich mich mit all dem zeige, was mich ausmacht, können andere mich auch wahrhaftig erkennen. Nur wenn ich mich zumute, können diejenigen, die das aushalten können und wollen, sich mir zeigen. Wenn ich mich selbst zumute, gebe ich auch anderen die Chance, so zu sein, wie sie sind. In diesem ganz wahrhaftigen Ausdruck dessen, was ist, können wir uns wieder auf neue Art als Menschen begegnen. Dies kostet Überwindung und Kraft. Aber es ist ganz und gar heilsam, die starren Masken abzusetzen. Gerade in der Trauer, wo es um ein Vielfaches anstrengender ist, die alten Bilder, die wir bisher von uns gezeichnet haben, aufrechtzuerhalten.

Trauer verändert uns und bringt mehr von unserem wahren Selbst zum Vorschein. Trauer demaskiert uns. Das macht verletzlich. Uns mit unserer Trauer zuzumuten heißt auch, diese Verletzlichkeit zuzulassen. Das scheinbar Paradoxe daran ist: Je verletzlicher wir uns zeigen, desto weniger können wir tatsächlich verletzt werden.

Es ist noch gar nicht allzu lange her, dass ich anfing, meine Tränen vor anderen Menschen wirklich zu zeigen. Bis dahin habe ich mein ganzes Leben lang fast ausschließlich für mich alleine geweint. Das ist okay, denn es gibt Tränen, die wollen nur in der Einsamkeit geweint werden. Es gibt Schmerz, den können wir nur ganz für uns fühlen. Und doch durfte ich durch das Zeigen meiner Tränen erfahren, dass es Menschen gibt, die mich mit all dem tatsächlich (aus-)halten wollen. So wie ich selbst andere gerne unterstütze und dankbar bin, wenn sie mir die Möglichkeit geben, für sie da zu sein, so erfuhr ich es auf einmal andersherum.

Je mehr ich mich mir selbst zuwandte und mir erlaubte, ich zu sein, desto mehr kamen genau die Menschen in mein Leben, die zu mir passten. Für diesen Teil des Weges. Wie sollen diejenigen, die uns so lieben, wie wir sind, uns erkennen, wenn wir immer so tun, als wären wir jemand anderes? Wie sollen andere überhaupt die Möglichkeit haben, uns in unserer Trauer zu unterstützen, wenn wir ihnen diese gar nicht zeigen? Und sosehr wir es vielleicht zwischendurch nicht wahrhaben wollen: Unsere Erfahrung mit der Trauer und dem Tod und all das, was durch diesen Verlust in uns ausgelöst wurde, gehören nun auch zu uns. Auch diese Aspekte wollen da sein, gelebt und geliebt werden. Du bist willkommen damit.

Wenn du dich zeigst, wie du bist, kommen Menschen in dein Leben, die zu dir passen. Also mute dich zu. Zeig dich, wie du bist. In deinem Tempo. Zunächst im geschützten Rahmen. Es gibt sie, diese heilsamen Räume, in denen es möglich ist. Orte, an denen Menschen wertschätzend miteinander umgehen. Sie werden dir begegnen. Beginne in dir. Jede Veränderung fängt bei dir an. Du musst nicht vor anderen beginnen mit dem Ausdruck deiner Trauer, wenn dir das schwerfällt. Du kannst auch vor dir beginnen, in dir. Oder vor einer einzelnen Person, der du vertraust. Womöglich ist es leichter, wenn diese Person nicht zu deinem Freundeskreis gehört, wenn es sich um eine neutrale, außenstehende Person handelt. Vielleicht jemand, der Ähnliches erlebt hat oder gerade mit dir erlebt. Oder eine professionelle Begleitung, bei der du keine Angst haben musst, ihr zu nahe zu treten. Eine Person, für die du nicht sorgen musst. Vielleicht ist es auch umgekehrt nur bei einer Person möglich, die du schon lange genug kennst, um ihr wirklich zu vertrauen. Es kann sein, dass es nach dem ersten Trauerjahr andere Personen sind als die, denen du dich zu Beginn mit deiner Trauer gezeigt hast.

Weinen, schreien, still dasitzen

Wie sich die Trauer ausdrücken möchte, ist wieder so individuell wie wir Menschen selbst. Doch auf jeden Fall muss sie nicht still und verborgen bleiben, fast als gäbe es Grund, sich dafür zu schämen. Im Gegenteil: Du hast ein Recht auf deine Trauer und deine Trauer darf einfach sein, genau so, wie sie ist. Die Trauer darf hörbar, sichtbar, fühlbar werden. Sie ist der Weg deiner Heilung.

Sicherlich ist die Art, wie wir unsere Trauer ausdrücken, auf eine gewisse Art kulturell geprägt. Weltweit gibt es viele verschiedene Ausdrucksformen. Während in manchen Kulturen der Tod regelrecht gefeiert wird, ganz in der Freude, den Verstorbenen in die andere Welt hinüber zu begleiten, werden in anderen Ländern professionelle Klageweiber angestellt, die stellvertretend oder unterstützend für die Hinterbliebenen deren Schmerz in die Welt schreien. Diese scheinbar gegensätzlichen Umgangsweisen mit dem Tod sind aus meiner Sicht keine Gegensätze, sondern die beiden Pole, zwischen denen sich unsere Trauer bewegt: Einerseits ist da dieser Schmerz, weil der Mensch nun nicht mehr da ist. Dieses schreckliche Vermissen, die Traurigkeit und womöglich auch die Wut darüber, dass uns dieser Mensch genommen wurde. Es ist die Realisierung des Todes, die so sehr schmerzt und die womöglich durch Weinen oder Schreien ausgedrückt werden möchte. Vielleicht auch durch fassungsloses Kopfschütteln, ein stummes Anstarren der Wand oder in der körperlichen Bewegung, indem wir versuchen, einfach davonzulaufen. Andererseits können auch versöhnliche, vielleicht sogar wirklich schöne Gefühle von Dankbarkeit und Erlösung da sein. Eine Freude für den Verstorbenen, der nun nicht mehr leiden muss. Ein Gefühl von Nähe zum Verstorbenen auf einer ganz anderen, neuen Ebene. Ein tiefes Wissen, dass die Liebe bleibt, dass nicht alles verloren geht, nicht alles sich im Nichts auflöst. Je nachdem, woran wir glauben, vielleicht auch eine Freude darüber, den Verstorbenen nun an einem guten Ort zu wissen – bei Gott, im Licht oder wo auch immer du ihn siehst. So ist Trauer immer beides, beinhaltet sie so viel mehr als nur die dunkle, schmerzhafte Seite. Sie ist schmerzhafte Realisierung des Todes genauso wie Ausdruck unserer tiefen Liebe zum Verstorbenen und des Wunsches, in dieser liebevollen Verbundenheit zu bleiben und neue Ausdrucksformen dieser sich wandelnden Beziehung zu finden. Und dann ist sie auch noch alles, was zwischen diesen beiden Polen liegt. All diese Facetten dürfen da sein. Sie möchten sich zeigen und zunächst von dir selbst wahr- und angenommen werden.

Der Ausdruck deiner Trauer muss weder laut noch besonders kreativ oder irgendwie kompliziert sein. Es darf sein, was gerade ist. Trauer kann sich ganz still ausdrücken, vielleicht durch leise vor dich hin geweinte Tränen, vielleicht auch einfach, indem du still dasitzt, dich ein wenig versteckst vor der Welt da draußen. Manchmal lässt Trauer uns regelrecht erstarren, manchmal fließen die Tränen scheinbar endlos und wir wollen den Schmerz am liebsten ganz laut in die Welt schreien. Ja, die Trauer kann auch ganz laut sein inmitten der Stille, die der Tod hinterlassen hat. Zum Herausschreien der Trauer habe ich schon häufig den Tipp gehört, in den Wald zu gehen. Ich persönlich empfinde als besten Ort dafür das Auto. Wenn ich alleine im Auto unterwegs bin, kann ich schreien, ohne dass mich jemand hört, ohne jemanden zu erschrecken. Das Auto bietet mir einen kleinen Schutzraum, in dem ich meine Gefühle und meine Trauer ganz so ausdrucken und hinausschreien kann, wie es für mich gerade notwendig ist. Ein guter Ort für laute Trauer ist sicher auch das Meer, das unser Schreien mit in seine Wellen nimmt und gnädig davonträgt.

Ausdruck meiner Liebe

In der Trauer möchte sich auch die Liebe ausdrücken, die Dankbarkeit für die Zeit, die wir mit dem lieben Verstorbenen verbringen durften. Vielleicht war die Beziehung nicht durchweg liebevoll, dann möchten sich womöglich auch jetzt noch Ärger, Verletztheit und Enttäuschung ausdrücken. All das gehört dazu und ist erlaubt. Du musst weder ausschließlich gut über den Verstorbenen reden noch dich zurückhalten, wenn du von ihm schwärmen möchtest – vielleicht viel mehr als noch zu seinen Lebzeiten. All das gehört in die Suchbewegung, die die Trauer beinhaltet. Eine Suche nach dem Verstorbenen, eine Suche nach Möglichkeiten, wie eure Beziehung nun über den Tod hinaus auf neue Art weitergelebt werden kann. An dem Wunsch, dem Verstorbenen weiterhin nahe zu sein, ist nichts Krankhaftes. Es ist okay und hilfreich, wenn dich Gegenstände im Außen zunächst darin unterstützen, diese Verbindung greifbar zu machen. Alles, was dir jetzt hilft, deine Trauer zu leben und auszudrücken, ist gut. Egal, was andere dazu sagen mögen. In vielen Naturvölkern und Kulturen ist es zum Beispiel ganz normal und ein fester Bestandteil von bestimmten Festen und besonderen Tagen, dass auch für die Verstorbenen, die Ahnen, ein Teller hingestellt wird, um sie auf diese Art teilhaben zu lassen und sich ihrer Präsenz bewusst zu werden. Alles ist erlaubt, die Bewertung darüber findet nur in unserem Kopf statt und darf inmitten dieser außergewöhnlichen Situation immer wieder aufs Neue hinterfragt werden.

So möchte ich dich auch dazu inspirieren, deine Trauer und die Verbindung zum Verstorbenen auf eine für dich stimmige Art und Weise zu zeigen. Vielleicht magst du ein sichtbares Zeichen dafür tragen. Ein symbolisches Schmuckstück oder ein Kleidungsstück. Ich habe erst vor Kurzem Julians Lieblingspulli wiederentdeckt und trage ihn manchmal, wenn ich mich ganz geborgen fühlen möchte. Von manchen Trauernden habe ich gehört, dass sie sich ein Tattoo stechen lassen, das sie immer an diesen einen Menschen erinnert und somit auch Ausdruck ihrer Trauer um ihn ist. Vielleicht hast du bereits Bilder aufgestellt, zündest regelmäßig oder zu besonderen Anlässen eine Kerze an, hast in seinem oder ihrem Zimmer noch alles so gelassen, wie es war, gehst auf den Friedhof und pflegst das Grab oder führst Gespräche mit dem Verstorbenen. Es kann auch ein Bild sein, das du im Geldbeutel immer mit dir führst, das Hintergrundbild auf dem Computerbildschirm oder Handydisplay oder ein bestimmter Gegenstand, der deine Verbindung zum Verstorbenen ausdrückt und den du immer in deiner Handtasche dabeihast.

All das sind Möglichkeiten, deine Trauer auszudrücken und zu leben. Sicher fallen dir noch ganz andere ein. Alles, was sich für dich und deine Trauer stimmig anfühlt, ist gut. Verabrede dich mit deiner Trauer und schau, wie sie sich heute zeigen möchte. Denn Trauer ist nicht jeden Tag gleich und so zeigt sie sich auch immer wieder auf andere Art. Frage sie, was sie heute braucht. Erlaube dir ebenfalls, eine Verabredung mit deiner Trauer einmal abzusagen, wenn dir nicht danach ist. Erlaube dir, ganz liebevoll und wohlwollend mit dir selbst zu sein. Alles hat seine Zeit. Vertraue der Liebe, deiner Trauer und dir selbst. Auch wenn du das Gefühl hast, nicht den »richtigen« Ausdruck für deine Trauer zu finden, dann vertraue darauf, dass deine Trauer sich womöglich genau über diese Suche, dieses schwer auszuhaltende »Nicht-Wissen« ausdrückt. All das gehört dazu. Erinnere dich daran, dass es eine Suchbewegung ist. Du bist längst auf dem Weg, auch wenn wieder einmal alles verworren und aussichtslos scheint. Es ist wie in einer Spirale, die sich aus der Mitte heraus kreisförmig nach außen bewegt. Immer wieder kann es sich so anfühlen, als würdest du dich bloß im Kreis drehen. In Wahrheit bist du nur scheinbar an der gleichen Stelle, sondern

bereits eine Stufe weiter in dieser gedachten Spirale auf deinem Weg durch die Trauer.
Ich selbst habe mich lange Zeit immer wieder gefühlt, als würde ich mich im Kreis drehen. Ich hatte große Angst, nie wieder da rauszukommen. Ich hatte Angst, meinen Weg zurück ins Leben nicht mehr zu finden. Heute weiß ich, dass all das Teil meiner Trauer war und auch meine Art, sie zu leben und auszudrücken. In dem Moment konnte ich es noch nicht so klar sehen und es war sehr schwierig, diese langwierige Suche auszuhalten und immer wieder neue Kraft für die nächsten Schritte in diesem scheinbaren Kreislauf zu finden. Mir hat es geholfen – oft unterstützt durch Hilfe von außen –, mir immer wieder klarzumachen, wie weit ich bereits gegangen war, was sich bereits verändert hatte seit Julians Tod.

Wie Reden in der Trauer helfen kann

Auch Reden ist eine Art, deine Trauer auszudrücken. Ich möchte sie hier noch einmal besonders hervorheben, weil ich das Erzählen unserer Geschichten und den Austausch darüber für besonders heilsam halte. Ich habe mich lange zurückgezogen von der Welt, einige Zeiten meiner Trauer – gerade zu Beginn – fast ganz mit mir alleine ausgemacht. Ich wollte anderen nicht zur Last fallen und ihr normales, friedliches Leben nicht mit meinem Schmerz und meinen Abgründen beschweren. Ich wollte mich ihnen nicht zumuten. Das führte dazu, dass ich mich immer wieder sehr verlassen fühlte in der Welt. Es war ein mühsamer Weg für mich, zu lernen, meine Gefühle anderen gegenüber wirklich auszusprechen und zu zeigen. Immer wieder zog ich mich weit in mich selbst zurück – aus Angst, abgelehnt oder verletzt zu werden.

Uns zurückzuziehen und uns der Stille und Leere in uns zuzuwenden, kann heilsam sein. Wenn du das Bedürfnis danach hast, ist es wichtig und gut, es zu achten und zu erfüllen. Und doch sind wir als Menschen auch hier in dieser Welt, um mit anderen Menschen in Kontakt zu sein. In unserem Gegenüber spiegeln wir uns selbst, erkennen wir uns auf ganz besondere Art. Erst in der Reaktion eines anderen Menschen wird uns vielleicht bewusst, was wir erlebt haben, welche Aspekte unserer Geschichte besonders schmerzhaft sind oder welchen Weg wir tatsächlich bereits gegangen sind. Gerade Letzteres können wir selbst oft nur schwer erkennen – neigen wir doch dazu, eher auf das zu fokussieren, was hier und heute (immer) noch nicht gelingt.

Es ist okay, wenn du das Bedürfnis hast, das Erlebte immer wieder zu erzählen. In deinem Erzählen findet es Ausdruck und eine Chance, Schritt für Schritt begriffen zu werden. Anfangs hatte ich das Gefühl, aus einem Buch oder Film zu erzählen, so surreal erschien mir das, was ich durch Julians Tod erlebt hatte. Dadurch, dass ich es vielen verschiedenen Menschen erzählte, wurde es für mich greifbarer und irgendwie realer. Ich brauchte immer wieder ein Gegenüber, jemand, der mit mir in Resonanz ging, meinen Worten lauschte und die eigenen Gefühle und Gedanken dazu teilte. In meinem eigenen Kopf erschien mir all das oft wie gefangen, die Gedanken kreisten und drehten sich, ich erzählte mir selbst die Geschichte immer wieder und kam nicht weiter. Um in diesen Gedankenkreisen eine Veränderung zu erleben, sind Impulse von außen hilfreich. Selbst Worte, die uns zunächst verletzen oder verärgern, können hilfreich sein, erleben wir doch in unserer eigenen Reaktion, worum es uns wirklich geht, was für unsere Trauer stimmig ist und was nicht.

Es ist nichts Falsches daran, wenn du das Bedürfnis hast, deine Geschichte immer wieder zu erzählen. Aber es kann sein, dass Menschen in deinem Umfeld nicht die Geduld aufbringen, so lange zuzuhören, wie es für dich nötig wäre. Das kann sich sehr schmerzhaft anfühlen. Wie oft habe ich mich in dieser Zeit abgewiesen gefühlt, abgelehnt auch als Mensch. Es hat nichts mit dir persönlich zu tun, auch wenn es sich noch so sehr danach anfühlt. Wähle aus, wer deine Geschichte aushalten kann. Sprich mit ihnen darüber und erkläre ihnen, dass es wohltuend und notwendig für dich ist, diese Geschichte zu erzählen. Vielleicht magst du ihnen dieses Kapitel zeigen, damit auch sie verstehen, dass es dich weiterbringen wird. Suche dir nach Möglichkeit mehrere Menschen, ein »Team« aus Freunden, Familie, anderen Betroffenen und vielleicht professionellen Helfern, die gemeinsam dein Bedürfnis nach Ausdruck im Austausch mit anderen stillen können. So musst du nicht das Gefühl haben, immer wieder die gleiche Person mit deiner Geschichte zu belasten. Außerdem wirst du deine Geschichte jedem Menschen ein wenig anders erzählen, denn jeder Mensch reagiert anders darauf und beeinflusst somit auch die Art und Weise, wie du sie erzählst. Das kann dir dabei helfen, immer wieder neue Aspekte in deiner eigenen Geschichte zu entdecken. So schreiben sich unsere Geschichten nicht nur vorwärts, sondern auch rückwärts immer wieder neu, verändern sie sich mit jedem Erzählen. Was scheinbar für manch Außenstehenden ein Kreisen in immer der gleichen Geschichte ist, ist ein Teil des Trauerprozesses, um das, was geschehen ist, auf Dauer liebevoll in unsere Geschichte als Mensch hier auf der Erde zu integrieren.

Nur weil es für viele so ist, muss es für dich noch lange nicht wahr sein.

Wie bei allem, was ich schreibe, gilt auch hier: Es kann für dich anders sein. Jeder Mensch hat ein anderes Redebedürfnis, auch das gehört zu diesem ganz individuellen Ausdruck. In der Trauerbegleitung wird davon ausgegangen, dass Reden hilfreich ist. Das bedeutet nicht, dass du dich entgegen deiner Bedürfnisse zwingen musst, über deine Trauer zu reden. Wenn das nicht deine Form ihres Ausdrucks ist, dann ist das völlig in Ordnung. Nur weil es für viele so ist, muss es für dich noch lange nicht wahr sein. Vertraue dir selbst. Immer wieder aufs Neue.

Wie kann ich meine Trauer in normalen Alltagssituationen ausdrücken?

Eine Frage, die mich lange beschäftigte, war, wie ich mich Fremden oder oberflächlich Bekannten gegenüber verhalten kann. Was mache ich, wenn in einem alltäglichen Smalltalk auf einmal die Frage nach meinem Freund aufkommt? Wie gehe ich damit um, wenn alle von ihren Beziehungen reden und ich dabeistehe? Sage ich dann, dass ich Single bin? Oder dass ich einen Freund habe? Beides wäre irgendwie falsch gewesen. Doch die Wahrheit zu sagen fiel mir auch schwer, obwohl ich zugleich ein sehr großes Bedürfnis danach hatte. In solche Situationen zu geraten, hat mich immer wieder in großen Aufruhr versetzt. Lange versuchte ich, sie zu vermeiden, doch das war keine dauerhafte Lösung. Wie also konnte ich meine Trauer und meine Lebenssituation in diesen Momenten ausdrücken? Ich hatte große Angst, die Leichtigkeit dieser völlig normalen Gespräche zu trüben und allen den Spaß an diesem Tag zu verderben. Stets war ich darauf bedacht, auf alle anderen Rücksicht zu nehmen, und litt doch selbst darunter. Wieso durften die anderen einfach so über ihre Situationen sprechen und ich sollte mich zurücknehmen? Irgendwann probierte ich es aus, einfach von mir zu erzählen. Ich lernte, die Reaktionen der anderen auszuhalten. Auch das ist ein Aspekt des Ausdrucks unserer Trauer. Wenn wir damit rausgehen, unter Menschen, dann geht es immer auch darum zu schauen, wie wir mit den Reaktionen umgehen. Wie können wir hier gut für uns selbst sorgen? Wie können wir mit

unserer Trauer da sein, für uns und unsere Bedürfnisse einstehen, uns selbst nicht zurücknehmen und zugleich die Reaktionen der anderen respektieren?
Mir hat es geholfen, mir bewusst zu machen, dass es nicht meine Schuld ist, wenn ich die Menschen daran erinnere, dass wir alle sterben und womöglich auch geliebte Menschen aus unserem Leben gehen lassen müssen. Ich darf den Schock oder die Angst, die diese Tatsache womöglich bei anderen auslöst, bei ihnen lassen. Ich darf vertrauen, dass sie damit umgehen können. Und vor allem darf ich mich immer wieder daran erinnern, dass all das Teil unseres Lebens ist. Leben ist nicht bloß Glück, stetiges Vorwärtsgehen oder genau der Weg, von dem wir uns wünschen, dass er unserer sein soll.
Leben ist ein Auf und Ab, Leben ist Vergänglichkeit, ein ständiges Werden und Vergehen. Dass wir in unserer Gesellschaft versuchen, dies auszublenden, ändert nichts an der Tatsache, dass es so ist.
Zugleich ist es auch nicht die Schuld deines Gegenübers, wenn er auf eine Art und Weise reagiert, die dir unpassend vorkommt. Im Buddhismus habe ich eine hilfreiche Sicht darauf gefunden: Wir Menschen, eigentlich alle Wesen, sind stets darauf bedacht, Leid zu vermeiden und Glück zu erreichen. Jeder von uns. Auf dieser Reise sitzen wir quasi alle in einem Boot. Die Strategien, die wir dazu anwenden, sind dabei ganz unterschiedlich. Egal wie skurril und wenig zielführend die Verhaltensweise eines anderen uns vorkommt, für ihn hat es immer etwas damit zu tun, auf seine Art Leid zu vermeiden und Glück zu erreichen.

Rituale in meiner Trauer

Rituale können als Rahmen für den Ausdruck unserer Trauer hilfreich sein. Für viele Menschen mag der Begriff »Ritual« verstaubt klingen, nach etwas, das seinen Platz in der Kirche hat. Dabei haben wir alle unsere bewussten oder unbewussten Rituale. Zum Beispiel Dinge, die wir in bestimmter Abfolge vor dem Schlafengehen erledigen. Oft haben wir in unserer Familie Rituale, die, ohne dass wir darüber nachdenken müssen, an Weihnachten oder Geburtstagen ihren festen Platz in unserem Leben haben.

Auch die Trauerfeier ist ein Ritual. Ein Abschiedsritual für unsere Verstorbenen. Sie ist eines der wenigen Rituale im Zusammenhang mit dem Tod, die wir als Gesellschaft noch nicht abgeschafft haben. Rituale können uns in einer haltlosen Zeit Halt und Sicherheit geben. Viele traditionelle Rituale mögen heute nicht mehr für jeden passend sein, gerade weil sich weniger Menschen mit der Kirche verbunden fühlen und viele Rituale ursprünglich kirchlich geprägt sind. So gab es nach dem Tod meines Opas noch ganz traditionell die Gedenkgottesdienste für ihn, zu denen alle Familienangehörigen zusammenkamen und meiner Oma auf diese Art zeigten: Wir sind da und dein Mann ist auch bei uns nicht vergessen.

Nach Julians Beerdigung hatte ich das Gefühl einer großen Leere. Da gab es einfach nichts mehr, was irgendwie Halt geben konnte. Ich hatte kein Bedürfnis, alte Rituale auszugraben, die für mich gar nicht stimmig waren, aber ich sehnte mich nach etwas Neuem, was für mein Leben passend sein könnte.

Ein Ritual ist für mich vor allem ein ganz bewusst gestalteter Raum. Ein Ritual können wir mit anderen Menschen teilen oder nur für uns alleine begehen – vielleicht in Verbindung mit dem Verstorbenen. Ein Ritual kann einen Rahmen bieten für all die Gefühle, die uns manchmal überfordern, wegschwemmen, mitreißen. Rituale haben meist symbolhaften Charakter und laufen nach festen Regeln ab. Feste Regeln, die du selbst bestimmen kannst. Es mag einen vorgegebenen Ablauf geben, doch ein Ritual, das nur deshalb auf diese Art abgehalten wird, weil es schon immer so war, und dabei nichts mehr mit den teilnehmenden Menschen zu tun hat, ist ein totes Ritual.

Vielleicht möchtest du dich auf die Suche nach Ritualen machen und schauen, welche dich ansprechen, oder ganz eigene entwickeln. Es geht darum zu erkunden, wie lebendige Rituale kreiert und im Leben umgesetzt werden können. Auch hier ist alles erlaubt, was sich für dich stimmig anfühlt. Aus meiner Sicht ist es vor allem wichtig, eine klare Absicht zu haben und einen gewissen Respekt vor dem Ritual. Unterschätze nicht, welche Kraft es entwickeln kann – im positiven Sinne –, wenn du es ernst nimmst. Ich habe einige Inspirationen für Rituale für dich zusammengestellt:

- Bewusst eine Kerze für den Verstorbenen anzuzünden, kann bereits als Ritual angesehen werden. Zu besonderen Anlässen, zu bestimmten Tageszeiten oder einfach immer dann, wenn du dich mit deinem lieben Verstorbenen verbinden willst. Ein schönes Bild dazu könnte die Vorstellung sein, dass du ihm über das Anzünden der Kerze seinen Weg dort, wo er jetzt ist, erhellst. So wurde es mir in Nepal erklärt. Oder du sendest ihm über die Wärme und das Licht deiner Kerze einfach symbolisch deine Liebe.
- Wenn es ein bestimmtes Thema gibt, das dich beschäftigt, eine Frage, die ungeklärt geblieben ist zwischen dir und deinem Verstorbenen, dann kannst du dir bewusst Zeit nehmen, um diese Frage oder das Thema zu formulieren. Schreibe einen Brief an den Verstorbenen und bitte um Antwort, um Klärung, um das, was gerade notwendig ist. Gib deine Worte ins Feuer, lass den Brief ganz verbrennen, bleib dabei und vertraue darauf, dass die Antworten kommen werden.
- Kreiere gemeinsam mit Freunden oder Familienangehörigen, mit Menschen, die dem Verstorbenen ebenfalls nahe waren, ein gemeinsames Erinnerungsritual. Trefft euch an

einem Ort, der euch mit dem Verstorbenen verbindet. Lade jeden ein, Erinnerungsstücke und kleine Geschichten mitzubringen, vielleicht auch Bilder oder Videos. Gemeinsam könnt ihr so, wie es für euch stimmig ist, einen Platz in eurer Mitte kreieren, an dem ihr all die Erinnerungsstücke zusammenbringt, vielleicht mit Kerzen oder Blumen geschmückt. Versammelt euch um diese Mitte und gebt euch nacheinander das Wort, um zu sagen, was jetzt gerade geteilt werden möchte. Versucht, kein Gespräch daraus zu machen, sondern mit eurer ganzen Aufmerksamkeit zu lauschen, wenn einer nach dem anderen seine Erinnerung an den Verstorbenen teilt.

- Triff dich mit Freunden, um gemeinsam einen Abend oder Tag so zu verbringen, wie es der Verstorbene geliebt hätte. Vielleicht kocht ihr sein Lieblingsessen, trefft euch für eine Sportart, die er gerne gemacht hat, hört oder singt Lieder, die er mochte, stoßt mit seinem Lieblingsgetränk auf ihn an. Womöglich gab es während der Trauerfeier nicht die Möglichkeit, alles ganz nach seinen Vorlieben zu gestalten. Vielleicht weil alles noch so frisch war und ihr nicht wusstet, was alles möglich gewesen wäre, oder ihr nicht die Kraft dazu hattet. Einiges davon lässt sich auch später nachholen. Was hättest du dir im Nachhinein für die Trauerfeier gewünscht? Und wie kannst du es jetzt noch umsetzen?
- Wenn du einen eigenen Garten hast, kann es auch eine schöne Idee sein, dort einen Baum für den Verstorbenen zu pflanzen. Überlege dir, wen du dabeihaben möchtest, und kreiere ein Ritual rund um das Einpflanzen des Baumes, so, wie es für dich oder euch stimmig ist.

Ich setze mir keine Grenzen in der Art und Weise, wie ich meine Trauer zeige

Dem Ausdruck deiner Trauer sind keine Grenzen gesetzt. Du kannst schreiben, malen, singen, töpfern, Fotobücher gestalten, nähen, auf Kissen einschlagen – alles, was dir einfällt. Dabei ist es völlig egal, ob du denkst, dass du gut darin bist. Es geht nicht darum, deine Trauer so auszudrücken, dass es anderen gefallen könnte. Es geht erst einmal nur um dich und darum, was dir dabei hilft, die Trauer nach außen zu bringen, sie greifbarer, fühlbarer, erlebbarer zu machen.

Vielleicht magst du mit Farben experimentieren. Welche Farbe hat deine Trauer heute? Welche verschiedenen Farben mischen sich vielleicht darin? Wie kannst du sie zu Papier bringen, sichtbar machen vor deinen Augen? Wie gesagt, es geht nicht darum, ein besonders schönes Bild zu kreieren, sondern das zu Papier zu bringen, was sich gerade zeigen möchte. Vielleicht entsorgst du es danach direkt, vielleicht hängst du es sogar auf, um dich immer wieder daran zu erinnern – das spielt, während du malst, noch keine Rolle. Versuche, dich ganz darauf einzulassen, was sich hier und heute durch dich in deiner Trauer ausdrücken möchte. Es ist genau richtig, so wie es ist.

Womöglich liegt deine Ausdrucksform eher in der Musik, im Singen, Trommeln, Tanzen oder darin, eigene Lieder über deinen Verlust oder für den Verstorbenen zu schreiben. Musik hat so viel mit Gefühlen zu tun. Es kann ebenfalls erleichternd sein, die eigenen Gefühle in den gesungenen Worten eines anderen wiederzuerkennen. Vielleicht hörst du ein tieftrauriges Lied und kannst vor lauter Schluchzen kaum noch mitsingen. Oder du suchst dir ein Lied, das deine Wut ausdrückt, und lässt alles, was sich in dir angestaut hat, im Tanz nach außen. Es muss nicht schön klingen, wenn du jetzt singst. Beim Singen kannst du

deine Stimme als Instrument für den Ausdruck deiner Trauer verwenden und dich auf diese Art ein Stück befreien.
Wie du dir vielleicht denken kannst, ist mein persönlicher Ausdruck oft das Schreiben. Beim Schreiben kann ich die unausgesprochenen Sätze aus meinem Kopf aufs Papier bringen. Mir hat es oft geholfen, etwas von dem Druck, der in mir herrschte, abzubauen. Meine Gedanken zu ordnen und manchmal überhaupt erst zu realisieren, was da gerade in meinem Kopf vorhanden war. Auch hier geht es nicht darum, so zu schreiben, dass es anderen gefällt. Es geht erst einmal nur um dich. Du kannst an deinen Verstorbenen schreiben oder an dich selbst, einfach so, wie es gerade aus dir herausfließt. In Gedichtform, langen Texten, einzelnen Sätzen oder Worten. Das Schöne am Schreiben ist, dass wir es später immer wieder lesen können. Manchmal bin ich überrascht, welche Erkenntnisse ich bereits Monate oder Jahre zuvor hatte. Und manchmal hilft es auch dabei, sich vor Augen zu führen, was sich alles schon verändert hat auf diesem Weg, der sich allzu oft wie ein endloses Kreisen anfühlt. Trauer ist ständige Veränderung, ein Prozess, der stattfindet inmitten einer scheinbaren Starre. Innerlich geschieht so viel, während es von außen womöglich so aussieht, als würden wir niemals mehr vorwärtskommen. Das Schreiben kann uns helfen, diesen Prozess ein wenig bewusster und sichtbarer zu machen. Im Schreiben kannst du alles ausdrücken, was gerade da ist. Egal, welche Gedanken und Gefühle. Niemand außer dir muss es lesen, es ist deine ganz eigene Geschichte.
Natürlich kannst du dich auch entscheiden, dich mehr zu zeigen, mehr nach außen zu gehen in deiner Trauer. Im Freundeskreis oder sogar in der Öffentlichkeit. Ich habe diesen Weg gewählt und schreibe auf meinem Blog und in den sozialen Medien über meine Trauer. So ist es für mich mittlerweile ganz normal geworden, meine Trauer nach außen zu bringen und zu teilen. Mir hat dieser Weg dabei geholfen, sie zu einem Bestand-

teil meines Lebens zu machen. Natürlich ist das nicht für jeden der passende Weg. Vielleicht magst du deine Texte lieber im geschützten Rahmen von Foren oder Gruppen, in denen sich Trauernde treffen, teilen. Mir hilft es jedenfalls oft, zu sehen, dass andere sich in meinen Worten wiederfinden, und dadurch zu wissen, dass ich damit nicht alleine bin.

Deine Trauer zu zeigen muss nicht immer kreativ oder gar schön sein. Auch die »hässlichen« Seiten deiner Trauer dürfen ihren Ausdruck finden. Ich habe eine Zeit lang immer wieder nachts wütend und verzweifelt auf mein Kissen eingeschlagen. Anfangs kam es mir seltsam vor und ich wollte mir einbilden, dass ich diese Form des Ausdrucks nicht benötige. Als ich es mir dann doch erlaubte, stellte ich fest, dass es mir große Erleichterung brachte. Manchmal kann unsere Trauer auch etwas Zerstörerisches haben. Umso wichtiger ist es, diese zerstörende Kraft gezielt herauszulassen, anstatt sie aufzustauen, bis sie sich von selbst entlädt oder in unserem Inneren Schaden anrichtet.

Bewusst in die Bewegung zu gehen, wenn alles wie erstarrt ist, kann deine Trauer wieder zum Fließen bringen. Es geht keinesfalls darum, dich in Bewegung zu zwingen (darum, dich zu irgendetwas zu zwingen, geht es sowieso an keiner Stelle). Und doch kann es erleichternd sein, ein paar Schritte zu gehen, vielleicht einige sanfte Yogaübungen zu machen oder zu tanzen. Vielleicht hast du auch das Bedürfnis, deine Wut oder Verzweiflung auszudrücken, indem du dir eine Sportart suchst, bei der du dich ganz auspowern kannst. Unser Körper ist sowohl Wahrnehmungs- als auch Ausdrucksapparat unserer Trauer. Wenn wir ihn bewegen, kommt wie nebenbei auch unsere Trauer in Bewegung.

In der Natur findest du immer einen Ort, der dich trägt, an dem du dich zumuten und zugleich in Bewegung sein kannst. Wie oft bin ich zu meinem geliebten Baum gelaufen, habe mich laut schluchzend an seinen Stamm geklammert. Dorthin zu laufen, hat meine Tränen zum Fließen gebracht. An der Seite dieses Baumes, der ganz zuverlässig immer auf mich wartete, konnte ich mich in meiner Trauer geborgen fühlen.

Ich versuche nicht mehr, es allen recht zu machen

Wenn du nach dem für dich passenden Ausdruck deiner Trauer suchst und damit auf die eine oder andere Art nach außen gehst oder zumindest darüber sprichst, kann es gut sein, dass manche Menschen dir vermitteln wollen, dass es anders besser wäre. (Es ist verrückt, dass wir so oft zu wissen meinen, was für andere gut und richtig ist. Dabei wissen wir so gar nichts.) Aber ob jemand anderes gut findet, was du tust oder nicht tust, darf eine untergeordnete Rolle spielen. Schließlich ist es dein Weg, deine Trauer, dein eigenes Wohlergehen.

Egal wie, du wirst es niemals allen recht machen können. Gehst du viel raus, lenkst dich ab, drückst deine Trauer vielleicht genau in dieser Lebensfreude aus, weil der Tod dir gezeigt hat, wie kostbar das Leben ist, wird es Menschen geben, die finden, dass du zu wenig trauerst, dass du womöglich verdrängst oder dein Verhalten deinem lieben Verstorbenen gegenüber unangemessen wäre. Wenn du dich zurückziehst und viel Zeit für dich und deine Trauer brauchst, ohne von Menschen umgeben zu sein, wird es diejenigen geben, die finden, du verkriechst dich zu sehr zu Hause und müsstest dich doch endlich wieder dem Leben zuwenden. Egal, was du tust, es wird immer für irgendjemanden falsch sein. Du darfst hier also ganz bei dir bleiben und die Ratschläge oder Meinungen bei den anderen lassen. Schau dir an, was davon für dich hilfreich oder stimmig ist, und lass den Rest ziehen.

Deine Trauer gehört ganz alleine dir. Vielleicht führt deine Art zu trauern dazu, dass der ein oder andere Mensch aus deinem Leben verschwindet. Das ist traurig, weil es ein weiterer Verlust ist. Zugleich bin ich mir sicher, dass du auf diesem Weg in deinen ganz eigenen Ausdruck immer häufiger den Menschen begegnen wirst, die wirklich zu dir passen. Denn nur – und hier wiederhole ich mich ganz bewusst – wenn du dich so zeigst, wie du bist, und dir selbst treu bist, können auch diejenigen, die wirklich zu dir passen, dich überhaupt erkennen. Ich habe einmal irgendwo den Spruch gelesen: »Sei einfach du selbst, die anderen gibt es ja bereits.« So einfach und so wahr. Wieso sollten wir wie jemand anderes trauern oder sein, wenn wir doch eigentlich immer nur wir selbst sein wollen? Eines der größten Geschenke dieser Zeit mit meiner Trauer war es, dass ich genau das erkennen durfte: Ich darf ich sein, wirklich ich. Ich bin genau richtig, so wie ich bin. Und du bist es auch.

Erinnerungen bewahren

Wenn es um die Erinnerungen an unsere Verstorbenen geht, fällt mir immer wieder ein großer Widerspruch auf. Es gibt unzählige Beileidskarten mit mehr oder weniger berührenden Sprüchen rund um das Erinnern an den geliebten Verstorbenen. Es wird gesagt, dass er in unserer Erinnerung weiterlebt, dass er so nie ganz verloren gehen oder vergessen wird. Niemals geht man eben so ganz, solange es Menschen auf dieser Erde gibt, die uns lieben. Es ist ein beruhigendes, schönes Gefühl, das uns da häufig zu Beginn der Trauer gegeben wird. Ja, dieser Mensch darf und wird in so vielen Herzen weiterleben.

Und dann kommt der Alltag, der für viele Trauernde die Frage aufwirft, wie denn die Erinnerung nun eigentlich bewahrt werden könne. Die Menschen, die eben noch diese liebevollen Worte mit uns geteilt und uns diese Karten geschenkt haben, zucken nun zusammen, wenn wir nur den Namen des Verstorbenen aussprechen. Sie weichen uns aus, wenn wir über ihn reden wollen, versuchen das Thema zu wechseln und wollen uns stattdessen auf die eine oder andere Art ablenken, womöglich sogar aufheitern. Als könnte irgendetwas uns davon ablenken, an unseren geliebten Verstorbenen zu denken. Dass Menschen sich so verhalten, heißt zwar nicht, dass sie das, was sie uns in den Beileidskarten über das Bewahren der Erinnerung geschrieben haben, nie so gemeint haben, doch eigentlich wissen die wenigsten, wie ein Weiterleben des Verstorbenen im Herzen wirklich aussehen kann. Allzu schnell kommen Sorgen, es könnte ungesund sein, wenn er zu präsent ist, es müsse vermieden werden, dass wir zu traurig werden, weil wir womöglich zu häufig an ihn denken. Er wollte doch auch, dass wir glücklich sind, wird uns dann gesagt. Und das Leben muss ja irgendwie weitergehen.

Ich will dich kein zweites Mal verlieren

Viele Menschen in unserem Umfeld sind unsicher und wissen selbst nicht, wie sie mit dieser ungewohnten, beängstigenden Situation umgehen sollen. Sie wollen nicht, dass wir leiden, und womöglich können sie es selbst nur schwer ertragen, immer wieder mit dem Thema Tod konfrontiert zu werden. Wir haben uns eine Welt geschaffen, in der wir häufig so tun, als hätten wir den Tod längst besiegt. Dabei ist und bleibt er ein ganz natürlicher Bestandteil unseres Lebens. Das ändert sich auch dadurch nicht, dass wir über all das, was mit dem Tod verbunden ist, einfach nicht reden. Aber wie können wir die Erinnerung bewahren, wenn nahezu niemand mehr von den Verstorbenen und unserer Trauer um sie spricht? Für viele Trauernde ist es sehr schmerzhaft, diese Erfahrung zu machen. Es fühlt sich an, als müssten sie alleine dafür sorgen, dass der Mensch nicht vergessen wird, weil scheinbar alle anderen den Weg des Vergessens gehen wollen. Ich schreibe bewusst »scheinbar«, denn heute weiß ich, dass die meisten diesen Weg nicht bewusst gehen wollen, dass die meisten Menschen sich gerne an den Verstorbenen erinnern und er ganz und gar nicht einfach so in Vergessenheit gerät. Und doch fällt es vielen Menschen schwer, diese Erinnerungen wirklich zu teilen. In der ersten Zeit erscheint es einigen vielleicht noch als »normal« und sie haben selbst das starke Bedürfnis, über den Verstorbenen zu sprechen. Spätestens wenn das erste Trauerjahr vergangen ist, wird es für viele Trauernde jedoch immer schwerer, Verständnis dafür zu finden, dass sie weiterhin im Alltag von ihm reden, ihn einfach im Leben präsent halten wollen.

Oft kommt zusätzlich die Angst, unsere eigenen Erinnerungen an den Verstorbenen zu vergessen. Es ist, als könnten wir ihn so ein zweites Mal verlieren. Als reale Person ist er schon nicht mehr im Leben. Was, wenn er jetzt auch noch aus unseren Gedanken und Erinnerungen verschwindet, wenn wir vielleicht bald schon nicht mehr genau wissen, wie er aussah, wie seine Stimme sich anhörte, wie es war, mit ihm in einem Raum zu sein? Was, wenn er immer mehr verblasst und wir ihn irgendwann gar nicht mehr zu uns rufen, vor unserem inneren Auge erscheinen lassen können? Möglicherweise kennst du dieses beängstigende Gefühl, dein Verstorbener könnte irgendwann ganz entgleiten und einfach verschwunden sein aus deinem Leben, als hätte es ihn nie gegeben. Was für ein schmerzhafter und schrecklicher Gedanke! Denn wir wünschen uns doch eigentlich nichts mehr, als wenigstens in Liebe mit ihm verbunden zu bleiben, wenn wir ihn schon nicht mehr wie früher treffen können.

Ich lade dich ein, an dieser Stelle innezuhalten. Vielleicht spürst du gerade selbst diese Angst. Die Angst davor, dass dein geliebter Verstorbener in dir verblassen könnte. Dass er verschwimmen und irgendwann womöglich ganz verschwinden könnte, als wäre er nie da gewesen. Wisse, dass die Erinnerung stets in deinem Gehirn bewahrt sein wird, selbst wenn es Zeiten geben mag, in denen der Zugriff wie verschüttet wirkt. Wenn du magst, suche dir einen ruhigen Ort, an dem du dich wohlfühlst und wo du für eine Weile nicht gestört wirst. Nimm dir einen Moment Zeit für dich und deinen geliebten Verstorbenen. Schließe die Augen und spüre deinen Atem. Spüre, ob er von den Herausforderungen des Tages ganz hart und flach ist. Lass ihn ganz weich werden und durch deinen Körper fließen. Lass dich einige Atemzüge lang in deinen Körper sinken. Und dann lass vor deinem inneren Auge eine Erinnerung an deinen lieben Verstorbenen entstehen. Viel-

leicht ist es zunächst ein Bild, das du kennst. Vielleicht siehst du ihn, wie er aus der Ferne auf dich zukommt. Intuitiv erkennst du deine geliebte Person, weißt du, dass sie in dir gespeichert ist und niemals vergessen wird. Atme ganz weich und lass dich auf diese kurze innere Begegnung mit deinem lieben Verstorbenen ein. Schau, welche Erinnerung nun vor deinem inneren Auge wieder ganz lebendig werden möchte. Wie nimmst du deinen geliebten Menschen jetzt wahr? Vielleicht fühlst du ihn auch mehr, als dass du ihn siehst. Du weißt, dass er es ist, und du weißt, dass er in deiner Erinnerung weiterexistiert. Genieße diese innere Begegnung noch einen Moment lang und verabschiede dich dann wieder davon. Lass ganz langsam die Bewegung wieder in deinen Körper kommen und kehre zurück in den jetzigen Moment. Vielleicht begleitet von einem Gefühl der Traurigkeit, weil dein lieber Verstorbener nicht mehr hier bei dir ist. Vielleicht auch begleitet von einer zaghaften Freude, weil du weißt, dass er auf eine andere Art noch immer da ist.

Ich will dich nicht vergessen, aber Erinnern tut auch weh

Solange die Menschen, die uns etwas bedeuten, leben, können wir unsere Erinnerung an sie immer wieder auffrischen. Im Alltag ist uns nicht einmal bewusst, dass wir uns an sie erinnern. Wenn ich morgens das Haus verlasse und abends wiederkomme, dann erkenne ich meine Lieben daheim natürlich wieder. Wenn man mich zwischendurch fragt, wie sie aussehen oder wie sie sind, dann kann ich sie selbstverständlich beschreiben, ohne groß darüber nachzudenken. Ich kenne sie ja schließlich und vergesse sie nicht, nur weil sie gerade nicht vor mir stehen. Auch wenn ich liebe Menschen einige Tage, Wochen, Monate oder gar Jahre nicht sehe, kann ich bei einem Wiedersehen an das gemeinsam Erlebte anknüpfen. Ich habe nicht einfach vergessen, wie sie aussehen oder wer sie sind. Dann können wir uns gemeinsam erinnern und manchmal werden längst vergangene Erlebnisse so präsent, als wären sie gerade gestern erst geschehen. Doch nach dem Tod gibt es diese Möglichkeit nicht mehr. Nie mehr. Keine neuen gemeinsamen Erinnerungen und auch keine Möglichkeit mehr, die gemeinsam erlebten Momente zusammen aufzufrischen. Wie traurig ist es, dass wir nun die alleinigen Bewahrer genau der Erinnerungen sind, die wir vielleicht ganz alleine mit dem verstorbenen Menschen geteilt haben. Momente, an die wir uns bis vor Kurzem noch gemeinsam erinnern konnten, sind nun nur noch Teil unseres eigenen Lebens.

Anfangs habe ich versucht, mich mit allem, was ich hatte, gegen die voranschreitende Zeit zu wehren. Ich wollte nicht, dass das Leben weitergeht, würde es doch ein Leben ohne meinen geliebten Julian sein. Jeder weitere Tag entfernte mich ein Stück mehr von ihm, von unserer gemeinsamen Zeit, von unseren gemeinsamen Erinnerungen. Menschen sagten mir, dass ich doch noch so viel vor mir hätte in diesem Leben, doch ich wollte es nicht. Ich wollte, dass das Leben stehen bleibt.

Erinnerungen an unsere geliebten Verstorbenen können schön und schmerzhaft zugleich sein. Im ersten Moment macht uns die Erinnerung glücklich – vielleicht nur für den Bruchteil einer Sekunde – und im nächsten trifft uns die volle Wucht der damit verbundenen Tatsache, dass es unwiderruflich in der Vergangenheit liegt und nie mehr auch nur in ähnlicher Weise wiederholt werden kann. Wir wollen unseren geliebten Menschen nicht vergessen, aber wenn uns im Alltag etwas an ihn erinnert, tut es so schrecklich weh. Dann kommen uns vielleicht direkt die Tränen oder es steigen Fragen in uns auf: Warum nur ist er nun nicht mehr da, wenn doch alles so schön war mit ihm, mit uns? Warum nur können wir diese Momente nie mehr wieder zusam-

men erleben? Warum nur darf er nicht mehr teilhaben an diesem Leben, wo er es doch womöglich so gerne mochte? So konfrontiert uns die Erinnerung immer gleichermaßen mit dem Schönen und mit dem Schmerz. Wir wollen uns erinnern, aber wir wollen den Schmerz nicht fühlen, der damit verbunden ist.
Du kennst meine Haltung zum Schmerz. Er will gefühlt werden und es gibt keinen dauerhaften Weg daran vorbei. Und er wandelt sich, ob wir nun daran glauben oder nicht. Mit der Zeit wird er sanfter und mit der Zeit wird auch das Erinnern schöner. Irgendwann überwiegt an vielen Tagen bereits das Schöne, die Dankbarkeit für diesen gemeinsamen Moment. So können unsere Erinnerungen uns helfen auf dem Weg durch unseren Schmerz. Denn wenn wir ihn fühlen, werden wir auch am anderen Ende wieder herauskommen.

Ich vergesse so viel – wirst du irgendwann verblassen?

Und dann gibt es diese Tage oder Phasen, in denen die Erinnerung wie ausgelöscht scheint. Wir fühlen uns leer und an der Stelle, wo wir eben noch das Bild unseres lieben Verstorbenen bewahrt haben, klafft ein schwarzes Loch. Manchmal ist es auch nicht ganz so extrem: Wir können ihn uns noch vor Augen rufen, und doch fallen uns so viele Dinge beim besten Willen nicht mehr ein. Wie hieß noch gleich sein Lieblingsfilm? Was hat er noch mal immer gesagt, wenn wir uns gesehen haben? Wie klang seine Stimme? Worüber haben wir uns bloß damals unterhalten?
Vielleicht kennst du dieses Gefühl, nach und nach alles zu vergessen, einfach keinen Zugriff mehr auf deine Erinnerungen zu haben. Es ist ganz normal, dass das zwischendurch einmal geschieht. Vielleicht, weil wir so sehr Angst vor dem Vergessen

haben und so sehr versuchen, alle Erinnerungen festzuhalten, dass wir vor lauter Anstrengung tatsächlich eine Zeit lang den Zugang verlieren. Als würden wir vor dem Geldautomat stehen und die PIN unserer EC-Karte ist plötzlich einfach weg. Da ist nichts zu machen, völlige Leere im Gehirn. Je mehr wir versuchen, die Zahlen aus unserem Gehirn förmlich herauszuquetschen, desto weiter entfernen sie sich scheinbar. Mir ist es einmal so ergangen. Erst viel später, als ich mich bereits damit abgefunden hatte, wohl eine neue Karte beantragen zu müssen, und nicht mehr versuchte, mir die Zahlenfolge ins Gedächtnis zu rufen, tauchte sie ganz selbstverständlich wieder auf, als wäre sie nie weg gewesen. Ich vermute, so ähnlich ist es auch mit den Erinnerungen an unsere Verstorbenen. Sie sind uns so wichtig und so vieles hängt davon ab, sie zu behalten.

Unser Gehirn ist ein hochkomplexes, viel erforschtes und doch nach wie vor geheimnisvolles Organ. Es besteht aus endlos vielen Verbindungen und Gehirnzellen, die das, was für uns wichtig ist, bewahren und abrufbar machen. Doch je mehr wir versuchen, daran festzuhalten, desto schwieriger wird es, darauf zuzugreifen. Das heißt allerdings nicht, dass die Erinnerungen deshalb verschwunden sind.

Die Erinnerungen bleiben in unserem Gehirn und du darfst darauf vertrauen, dass du auch den Zugang zu ihnen wieder finden wirst. Dafür reicht oft schon ein kleiner Funke, eine kleine, vielleicht ganz unbedeutend erscheinende Erinnerung, um einen Schatz an weiteren Erinnerungen zu heben. Das liegt daran, dass unser Gehirn alles netzartig miteinander verknüpft und so scheinbar ganz unzusammenhängende Momente gemeinsam wieder ans Tageslicht kommen können.

Kreative Erinnerungsarbeit

Es gibt unendlich viele Möglichkeiten, die Erinnerungen an deinen geliebten Verstorbenen zu bewahren und immer wieder abrufbar zu machen. Diese Erinnerungsarbeit ist doppelt hilfreich: In dem Moment, wo du dich mit deinen Erinnerungen beschäftigst und sie festhältst, setzt du dich ganz aktiv mit deiner Trauer und dem Verstorbenen auseinander. Das kann durchaus schmerzhaft sein und gleichzeitig beruhigend, weil du erlebst, dass du etwas von ihm behalten kannst. Und es kann ein schönes Gefühl sein, die Momente, für die du heute vielleicht sehr dankbar bist, auf diese Art noch einmal zu erfahren. Außerdem kannst du die Erinnerungsstücke später immer wieder in die Hand nehmen. So können sie dir auf deinem Weg der Trauer erneut eine Hilfe sein.

Mit den Erinnerungen an deinen lieben Menschen kannst du ganz kreativ werden. Fotos sind natürlich eine schöne Möglichkeit, bestimmte gemeinsame Erlebnisse und die Art, wie dieser Mensch war, in Erinnerung zu rufen. Du selbst weißt, wann ein guter Zeitpunkt dafür ist. Manchmal dauert es eine Weile, bis wir uns dazu in der Lage fühlen, überhaupt ein Foto des Verstorbenen anzusehen, erinnert es uns doch auf schmerzhafte Weise daran, dass er für immer aus diesem Leben verschwunden bleibt. Es ist okay, wenn das heute für dich nicht möglich ist. Wenn der Zeitpunkt gekommen ist, kannst du die Fotos so sammeln und gestalten, wie es sich für dich gut anfühlt. Vielleicht einfach in einer Box, aus der heraus du sie jederzeit zu dir nehmen und ansehen kannst. Vielleicht in einem schönen Album, vielleicht auch kombiniert mit Texten, die du zu den Fotos verfassen möchtest.

Manchmal fragen wir uns angesichts der schieren Masse an Erinnerungen, wie wir sie jemals alle festhalten sollen. Wo fange

ich an, wenn ich gemeinsame Jahre und Jahrzehnte bewahren möchte? Wie kann ich sicherstellen, dass nichts verloren geht? Es wird nicht möglich sein, wirklich jede kleinste Kleinigkeit aufzuschreiben und zu bewahren. Irgendetwas wird immer fehlen, so wie wir uns auch zu Lebzeiten nicht immer an alles erinnern, was wir einmal gemeinsam erlebt haben. Es ist auch gar nicht nötig, wirklich alles bis ins kleinste Detail aufzuschreiben. Da kommt wieder unser Gehirn mit seiner netzwerkartigen Speicherform ins Spiel: Bereits einige kleine Sätze, manchmal nur ein Wort, reichen, um viele weitere Erinnerungsschätze wie automatisch ans Licht zu bringen.
Vertraue darauf, dass du genau das erinnern wirst, was wichtig ist. Beginne einfach dort mit dem Aufschreiben, wo gerade ein kleiner Erinnerungsfetzen vorhanden ist. Es reichen einzelne Sätze, so wie sie gerade kommen:

- Ich sehe dich an deinem Schreibtisch sitzen …
- Ich höre dich dies und jenes erzählen …
- Ich erinnere mich an diesen Moment, als du …

Du kannst auch Zitate aufschreiben, so wie sie dir einfallen, eine Sammlung von Orten, die ihr gemeinsam besucht habt, oder besondere Momente stichwortartig festhalten. Vielleicht magst du auch die Erscheinung deines Verstorbenen beschreiben: Wie sahen seine Haare aus, welche Augenfarbe hatte er, welche Art von Kleidung hat er gerne getragen? Natürlich kannst du all das auch weiter ausformulieren, je nachdem wie es sich gerade stimmig anfühlt.
Immer dann, wenn du einen Moment Zeit hast oder wenn eine kleine Erinnerung zu dir kommt, kannst du etwas aufschreiben. Vielleicht magst du dir auch ganz bewusst eine »Erinnerungszeit« pro Woche einrichten, in der du in Ruhe an einem Erinnerungsbuch arbeitest. So kann über Monate und Jahre ein großer Schatz für dich entstehen. Sobald du das Buch aufschlagen wirst,

werden die Erinnerungen nur so sprudeln, wird dein geliebter Verstorbener dir wieder ganz nah und präsent sein.
Vielleicht magst du auch etwas malen, zusätzlich oder anstelle der geschriebenen Sätze. Manche Erinnerungen sind vermutlich eher ein Gefühl, etwas, das schwer in Worte zu fassen ist. Dann kann ein Bild helfen, deine Erinnerungen einzufangen und immer wieder zu aktivieren.
Oder du bastelst etwas aus Gegenständen, Bildern, Briefen, die du vom Verstorbenen hast. So kann aus einem vielleicht für dich nutzlosen und doch bedeutsamen Gegenstand etwas Neues entstehen. Deiner Fantasie sind hier keine Grenzen gesetzt. Auch kannst du die Aufbewahrung deiner Erinnerungsstücke selbst gestalten – vielleicht eine schöne Schatzkiste, in der du alle wichtigen Gegenstände deines Verstorbenen sammelst?

Ich bewahre die Erinnerung an dich in mir

Erinnerungen zu bewahren beschränkt sich nicht darauf, sie in eine äußere Form zu bringen, sie aufzuschreiben oder haltbare Gegenstände herzustellen. Erinnerungsarbeit kann auch darin bestehen, einfach dazusitzen, die Erinnerungen an deinen geliebten Verstorbenen fließen zu lassen und voll einzutauchen in die Bilder, die vor deinem inneren Auge entstehen. Es kann so wohltuend sein, einfach die Augen zu schließen und an diesem inneren Ort der Erinnerung noch einmal mit dem Verstorbenen zusammen zu sein. Vielleicht hilft es dir, am Feuer zu sitzen, eine Kerze anzuzünden oder an einen der Orte zu gehen, die ihr zu seinen Lebzeiten gemeinsam besucht habt. Gerade diese Reisen oder Ausflüge an Orte, die für euch gemeinsam eine Bedeutung haben, können auf deinem Weg der Trauer sehr heilsam sein. Spüre ganz genau hin, wann der Impuls bei dir kommt, diese Orte zu besuchen. Denn es kann sein, dass es erst einmal schmerzhaft ist und dass dich deine Trauer überwältigt. Deshalb wirst du sicherlich zunächst mit gemischten Gefühlen hinreisen. Aus eigener Erfahrung kann ich jedoch sagen, dass jede dieser ganz bewussten Reisen für mich ein wichtiger Schritt auf meinem Trauerweg war. Jede dieser Reisen hat mich Julian näher gebracht und hat mich zugleich immer tiefer begreifen lassen, dass er nun nicht mehr auf diese Art in meinem Leben ist. Dies zu begreifen ist ein schmerzhafter und zugleich so notwendiger Schritt auf dem Weg hin zu einem Frieden mit dem Tod und allem, was er uns genommen hat. Du musst dafür nicht um jeden Preis alle diese Orte aufsuchen. Ich bin drei Jahre nach Julians Tod an den Ort gefahren, an dem unsere Beziehung begonnen hat. Es war eine Reise zu mir selbst, eine Begegnung mit der Silke von damals und mit allem, was sich seitdem verändert hatte. Und es war auch eine ganz berührende, lebendige Begegnung mit Julian. Andere Orte habe ich bis heute nicht aufgesucht. Manche, weil es sich nie ergeben hat, und manche auch ganz bewusst nicht, weil ich spürte, dass es zumindest bisher nicht dran war. Dazu gehört auch die Stelle in Nepal, an der er damals umgekippt ist.

Nicht nur die Trauer, sondern auch die Art und Weise, wie wir uns an verstorbene Menschen erinnern, ist ganz individuell. Vielleicht kannst du dich sehr gut an genaue Daten und Fakten erinnern und weißt noch ganz genau, wann ihr welche Dinge gemeinsam erlebt habt. Vielleicht erinnerst du dich eher an Gefühle und daran, wie sich das Zusammensein angefühlt hat, als an Worte und Handlungen. Es ist nicht wichtig, so viele konkrete Momente wie möglich zu erinnern, sondern es geht vor allem darum, die Erinnerung an den Menschen, so wie er war, zu bewahren. Was hat ihn ausgemacht? Wie hat sich seine Gegenwart angefühlt, wie hast du dich gefühlt, wenn er da war? Wie haben andere Menschen auf ihn reagiert? Wie ist er mit anderen umgegangen? Hat er viel gelacht oder war er eher ernst, hat er viel geredet oder lieber geschwiegen? Hatte er meist die volle Aufmerksamkeit, wenn er den Raum betrat, oder war er in einer Gruppe eher unauffällig? Was hat ihn insgesamt ausgemacht? Was hat sein Herz zum Lachen gebracht, ihn begeistert und berührt? Was hat ihn bewegt, aufgeregt, verletzt? Was hat dich manchmal an ihm gestört, wo wart ihr nicht einer Meinung? Und was hast du besonders gerne mit ihm gemeinsam erlebt?

Ich lasse deine Sachen so, wie sie waren, als du noch gelebt hast

Trauernde gehen mit den Gegenständen des Verstorbenen ganz unterschiedlich um. Das Zimmer des Verstorbenen, die Schuhe im Flur, das Motorrad in der Garage, sein Regalfach im Badezimmer. Manch einer möchte sofort alles loswerden, andere können und wollen lange Zeit keine Veränderung zulassen, die nicht dringend nötig ist.

Auch die eigene Wohnung kann so zu einem Ort der Erinnerungen werden. Wenn das Zimmer noch genau so ist, wie er es hinterlassen hat, dann werden beim Betreten automatisch viele Erinnerungen wach, dann fühle ich mich ihm dort vielleicht ganz besonders nah. Es ist okay, wenn du seine Sachen auch über das erste Jahr hinaus bewahren möchtest. Egal, was die Menschen in deinem Umfeld darüber denken mögen, du allein entscheidest, ob und wann es an der Zeit ist, seine Sachen wegzuräumen. Manches ist vielleicht schon ganz bald dran, andere Dinge können über Jahre unverändert bleiben. Wichtig ist, wie du dich damit fühlst – nicht, was andere dazu sagen.

Du möchtest die Erinnerung an deinen lieben Menschen bewahren und mit ihm in Verbindung bleiben. Wenn dir Gegenstände dabei eine Hilfe sind, ist das okay – auch wenn sie anderen banal erscheinen mögen.

Manchmal kann es sein, dass wir keine Wahl haben und zum Beispiel eine Wohnung auflösen müssen, weil wir es uns nicht leisten können, sie zu behalten. Dann sind Veränderungen unausweichlich. Mir hat es in diesen Situationen geholfen, alles, was ich verändern musste, zunächst zu fotografieren. So hatte ich das Gefühl, später wenigstens nachsehen zu können, wie alles ausgesehen hatte. Ich habe es tatsächlich nie genutzt, aber es tat gut, diese Option zu haben.

Wir erinnern uns gemeinsam an dich

Es kann wunderschön sein, wenn du Menschen in deinem Umfeld, in deiner Familie hast, die sich gemeinsam mit dir an den Verstorbenen erinnern. Vielleicht möchtest du einmal alle, die ihn ebenfalls kannten, fragen, ob sie ihre schönsten Bilder und Erinnerungsmomente mit dir teilen wollen. Das kann in Form eines liebevollen Rituals geschehen, wie ich es bereits im letzten Kapitel beschrieben habe. Es kann natürlich auch in persönlichen Gesprächen stattfinden oder per Post, wenn sie ihre Erinnerungen schriftlich mit dir teilen wollen. Mich hat es Überwindung gekostet, nach solchen Erinnerungen zu fragen. Schließlich kann es auch sein, dass die Frage auf Abwehr stößt. Aber oft entstehen sehr schöne Gespräche daraus, oft sind die Menschen dankbar, wenn wir diesen Schritt machen und auf sie zugehen. Schließlich denken sie auch noch gerne an den Verstorbenen und es ist für alle Beteiligten heilsam, die Erinnerungen an ihn zu teilen. Es darf übrigens auch gemeinsam gelacht werden! Gerade wenn wir uns gemeinsam an unsere Verstorbenen erinnern, kann inmitten all der Traurigkeit so viel Freude aufkommen.

Und doch, nicht immer ist es so leicht. Es ist eine wirklich schöne Vorstellung, dass die Menschen, die eine Beziehung zum

Verstorbenen hatten, gemeinsam durch diese Zeit der Trauer gehen. Gemeinsam sich erinnernd, gemeinsam trauernd, sich gegenseitig stützend. Das wünschen wir uns und sind dann enttäuscht, wenn es nicht so ist. Schnell werden Vorwürfe geäußert, der andere würde gar nicht wirklich trauern oder uns nicht verstehen. Und es stimmt. Obwohl wir den gleichen Menschen vermissen, können wir einander nicht wirklich verstehen. Gerade in dieser verletzlichen Zeit der Trauer, in der jeder von uns so sehr mit sich selbst und den eigenen Gefühlen beschäftigt ist, reagieren wir oft besonders sensibel aufeinander. Wenn ich heute das Bedürfnis habe, über den verstorbenen Menschen zu reden, kann es sein, dass es bei dir gerade ganz anders ist, und umgekehrt. Und dann trauern wir zwar um die gleiche Person, aber doch aus ganz unterschiedlichen Perspektiven. So war er oder sie vielleicht Freundin, Vater, Tochter, Bruder oder Kollegin. Unsere je eigene Sichtweise ist immer von unserer ganz persönlichen Beziehung geprägt. Gerade innerhalb von Familien kann das zu einer wirklich großen zusätzlichen Herausforderung werden.

In der gemeinsamen Trauer geht es darum, einen guten Weg miteinander zu finden, auch wenn die Bedürfnisse ganz unterschiedlich sein mögen. Wenn du lernst, es nicht mehr um jeden Preis allen anderen recht machen zu wollen, weil du deinen ganz eigenen Weg in und mit der Trauer findest, dann heißt das auch, dass andere das gleiche Recht haben. Jeder von euch trauert auf seine oder ihre ganz eigene Art. Es wäre so schön, wenn ihr immer gemeinsam gehen könntet. Doch wir wissen, dass die Trauer in Wellen kommt, dass jeder Tag mit ihr anders sein kann. Wie hoch ist wohl die Wahrscheinlichkeit, dass bei zwei oder gar mehreren Menschen diese Wellen immer parallel verlaufen?

So geht es auch in der Gemeinschaft darum, den liebevollen Weg zu finden. Liebevoll mit dir selbst und den anderen. Erlaube dir und euch, es nicht unbedingt gemeinsam schaffen zu müssen. Gesteht euch den Freiraum zu, den jeder von euch braucht, und erlaubt euch, auch einmal eine Weile lang gar nicht miteinander zu reden oder das Thema Trauer auszublenden, wenn ihr merkt, dass ihr euch sonst immer wieder aufs Neue gegenseitig verletzt. Manchmal ist es gut, es eine Zeit lang ruhen zu lassen und später wieder ganz neu aufeinander zuzugehen. Manchmal ist es einfach nicht möglich, gemeinsam zu trauern, so schön dieser Gedanke ursprünglich auch sein mag und sosehr ihr euch vielleicht alle danach sehnt. Es ist okay, so wie es ist. Vermutlich meint es keiner von euch böse, jeder ist bloß auf seine Art so verletzt, so sensibel. Auch das ist ganz normal in dieser herausfordernden Zeit. Versuche, nichts zu erzwingen zwischen euch und den Menschen um dich herum nicht deine Art der Trauer aufzuzwingen. Und schaue, wie es dir gelingen kann, ganz bei dir zu bleiben, wenn du das Gefühl hast, andere versuchen umgekehrt, dir ihre Art und Weise zu trauern überzustülpen. Sollte es ganz unerträglich zwischen euch sein, könnt ihr möglicherweise eine neutrale dritte Person hinzuziehen, die euch dabei hilft, über eure verletzten Gefühle zu sprechen.

Gedenktage – wie gestalte ich sie über das erste Jahr hinaus?

Gedenktage wie der Geburtstag, Todestag oder Kennenlerntag bleiben auch über das erste Jahr hinaus besondere Tage. Häufig kann deine Trauer und die Erinnerung an den geliebten Menschen in deinem Umfeld an diesen Tagen mehr Raum bekommen als an »normalen« Tagen. Womöglich kannst du sie sogar gemeinsam mit Verwandten und Freunden gestalten, vielleicht bei einem guten Essen über den Verstorbenen sprechen oder gemeinsam das Grab besuchen.

Und doch ist es so, dass auch hier nach dem ersten Jahr bei vielen Menschen das Verständnis nachlässt. Viele Trauernde sind enttäuscht, weil schon im zweiten Jahr deutlich weniger Freunde, Bekannte oder Verwandte an diese wichtigen Tage denken. Gab es im ersten Jahr noch viele Anrufe, Nachrichten oder Besuche an einem solchen Tag, so kann es bereits ein Jahr später schon viel stiller sein. Vielleicht fragst du dich, wie es sein kann, dass dein lieber Verstorbener schon so sehr in Vergessenheit geraten ist. Wie kann es sein, dass alle dich in deiner Trauer so alleinelassen?

An diesen Tagen wird oft besonders deutlich, wie schnell das Leben um uns herum weitergeht. Wir haben in Deutschland keine gelebte Trauer- und Erinnerungskultur, auch wenn sich bereits vieles zum Positiven verändert hat. So schön es wäre, wenn Todestage genauso selbstverständlich ihren Platz im Leben hätten wie die Geburtstage der Lebenden, so sehr ist es in der Realität doch oft anders.

Vielleicht kannst du diese Tage als Anlass nutzen, um in deinem Umfeld einmal anzusprechen und darauf aufmerksam zu machen, was du dir wünschen würdest. Vielen ist es womöglich gar nicht bewusst, was dieser Tag für dich bedeutet. Manche Menschen trauen sich auch nicht, selbst den ersten Schritt auf Trauernde zuzumachen, weil sie nicht wissen, ob es in Ordnung und angemessen ist. Womöglich denken sie an bestimmten Gedenktagen genauso wie du an den Verstorbenen, wollen dir aber nicht zu nahe treten oder haben Angst, alte Wunden wieder aufzureißen.

Wie immer geht es auch gerade an diesen Tagen darum, besonders gut für dich zu sorgen und auf deine Bedürfnisse zu achten. Vielleicht wirst du merken, dass das, was im ersten Jahr für dich gut war, im zweiten oder dritten Jahr nicht mehr passt. So wie sich deine Trauer verändert, wird sich womöglich auch die Art und Weise ändern, wie du diese Tage verbringen möchtest:

alleine, mit Freunden, mit der Familie, zu Hause, auf Reisen oder an Orten, die dich mit dem Verstorbenen verbinden. Es sind außergewöhnliche Tage, weil wir uns an ihnen oft auf eine ganz besondere Art verbunden fühlen. Mich laden sie immer wieder zum Innehalten ein, zum Nachspüren, wie sich meine Trauer jetzt anfühlt und wie ich Julian wahrnehmen kann.

Wenn ich auf die vergangenen Jahre zurückblicke, war es für mich an diesen besonderen Tagen immer wieder das Wesentliche, dass Julian dabei war, dass ich die Verbindung mit ihm spüren und sein Leben würdigen konnte. Es sind Tage, an denen wir uns den Verstorbenen oft besonders nah fühlen. Das kann, wie so häufig, schön und schmerzhaft zugleich sein. Wir wollen ihre Nähe spüren und zugleich wäre es um ein Vielfaches schöner, wenn sie hier und heute dabei sein und mit uns feiern könnten, so wie es früher ganz normal war.

Erlaube dir, diese Tage ganz bewusst zu gestalten. Es braucht keine großen Feiern, es darf sie aber geben. Diese besonderen Tage können Feiertage werden – ganz für dich, unabhängig davon, was andere davon halten. So kann etwa der Geburtstag des Verstorbenen noch immer ein Grund zu feiern sein, denn es bleibt doch wunderschön, dass der geliebte Mensch geboren wurde, auch wenn er heute nicht mehr hier ist. Wäre er nicht geboren worden, hätten wir ihm gar nicht erst begegnen können. Wir können diese Tage nutzen, um ganz besonders zu würdigen, dass es den Verstorbenen gab, uns seiner zu erinnern und ihn so in unserem Herzen und in unserer Mitte immer wieder lebendig werden zu lassen.

> Es bleibt wunderschön, dass der geliebte Mensch geboren wurde, auch wenn er heute nicht mehr hier ist.

Auf der anderen Seite kann der Todestag immer wieder eine schmerzhafte und doch auch wichtige Erinnerung daran sein, dass dieser geliebte Mensch nun nicht mehr im Leben bei uns ist. Jeder dieser Tage hilft uns auf dem Weg, diesen großen Verlust Schritt für Schritt zu begreifen und in unser Leben zu integrieren. Wie du diese Tage gestaltest, ist ganz dir überlassen. Du kannst Kerzen für deinen geliebten Verstorbenen anzünden, Blumen auf sein Grab oder an seinen Platz am Tisch stellen oder ein ganz individuelles Erinnerungsritual kreieren.

Vielleicht möchtest du bestimmte Gedenktage ganz bewusst möglichst so gestalten, wie sie auch zu seinen Lebzeiten waren, und deinem Verstorbenen auf diese Art seinen Platz in eurer Mitte bewahren. Es ist keineswegs verrückt, wenn du das Bedürfnis hast, einen Platz am Tisch für ihn freizuhalten und vielleicht an diesem Tag sogar einen Teller für ihn mitzudecken. Oder es ist für dich stimmiger, diese Tage völlig neu zu gestalten, so wie du sie gemeinsam mit deinem Verstorbenen nie verbracht hättest. Dabei kannst du überlegen, auf welche Art und Weise du ausdrücken möchtest, dass er dennoch und gerade auch in diesem Neuen weiterhin seinen Platz hat. Wie immer gibt es kein »Richtig« oder »Falsch«, sondern nur das, was sich für dich, für euch als stimmig erweist.

Manchmal ist es gar nicht so leicht zu wissen, was an diesen Tagen gut ist. Es kann helfen, sie nicht einfach auf dich zukommen zu lassen, sondern dir vorher zu überlegen, wie du sie begehen magst. Und dann kann es auch wichtig sein, dir mehrere Optionen offenzuhalten. Zum Beispiel, dass du dich mit einer Freundin verabredest, ihr aber auch noch am Morgen absagen kannst, wenn du merkst, dass du den Tag doch lieber ganz alleine für dich verbringen möchtest. Erlaube dir an diesen Tagen ganz besonders auf dich und dein Gefühl zu hören. Tief in dir gibt es etwas, das ganz genau weiß, was in diesem Moment gut für dich ist.

Du hast Spuren in mir hinterlassen

Wir haben uns in diesem Kapitel viel mit den Erinnerungen an unseren geliebten Menschen beschäftigt. Wie können wir sie bewahren, wie sorgen wir dafür, dass wir nicht alles vergessen? Doch es sind nicht nur die konkreten Erinnerungen, in denen er auf dieser Erde weiterlebt. Er lebt auch durch dich weiter, durch jeden Menschen, dessen Herz er berührt hat.

Ich lade dich ein, einmal ganz bewusst zu überlegen, welche Spuren dieser geliebte Mensch in deinem Herzen hinterlassen hat. Spüre ganz für dich dieser Beziehung, die ihr zueinander hattet, nach. Wie hat es sich angefühlt, in seiner Nähe zu sein? Wie hast du dich durch ihn gefühlt? Jeder Mensch, dem wir im Leben begegnen, hinterlässt etwas in uns. Dabei geht es weniger um konkrete Erinnerungen an einzelne Momente, sondern vielmehr um die Erinnerung daran, wie dieser Mensch war.

War euer Verhältnis liebevoll, herausfordernd, harmonisch, laut? Welche Qualitäten hat dieser Mensch in dir geweckt? Vielleicht gibt es sogar Dinge, die du auf die eine oder andere Art von ihm übernommen hast. Eigenschaften von ihm, die nun durch dich weiterleben. Spüre einmal nach, was in dir durch den Verstorbenen verändert wurde. Sowohl die kleinen, banalen, vielleicht ganz lustigen Dinge, als auch die tiefgehenden, die Dinge, durch die er dein Leben auf die eine oder andere Art verändert hat.

Mir ist erst im Laufe der Zeit aufgefallen, dass es bestimmte Dinge gab, die ich plötzlich machte, obwohl sie eigentlich Julians Angewohnheit waren. Ein wirklich verrücktes Beispiel war seine Art zu sitzen. Er saß, egal auf welchem Stuhl, immer im Schneidersitz – sogar im Büro. Ich glaube, ich habe mich früher manchmal darüber lustig gemacht. Heute sitze ich selbst am liebsten so. Es war keine bewusste Entscheidung in der Weise, dass ich dachte, ich möchte jetzt so sitzen wie er, damit diese Art zu sitzen nicht verloren geht. Es ist einfach irgendwie geschehen und als es mir auffiel, habe ich mich ein bisschen über mich selbst amüsiert und es einfach so gelassen. Und dann hat er mich vor allem mit seinem geduldigen, achtsamen Wesen berührt. Er wusste damals bereits, wie kostbar das Leben ist, und hat es immer verstanden, die kleinen Dinge wertzuschätzen. Egal, wie häufig wir uns sahen, er hat mir jedes Mal gesagt, wie sehr er sich freut, mich zu sehen – auch als wir längst zusammenwohnten. Es ist dieser Blick auf das, was wirklich wichtig ist im Leben, den er mich gelehrt hat.

Was hast du von deinem lieben verstorbenen Menschen für dein Leben gelernt?

Vermutlich fallen dir sofort einige Dinge ein, vielleicht gibt es aber auch einiges, das weniger offensichtlich ist. Besonders interessant kann diese Auseinandersetzung bei verstorbenen Elternteilen sein. Natürlich haben wir ganz viel von ihnen übernommen, allein schon genetisch lebt etwas von ihnen in uns weiter. Und doch ist vieles davon auch nicht auf den ersten Blick sichtbar, weil es allzu selbstverständlich ist. Schließlich waren unsere Eltern ja von Anfang an in unserem Leben.

Erinnern heißt nicht immer, bewusste »Erinnerungsarbeit« zu betreiben. Es geht vor allem darum, dass die Verstorbenen im Alltag ganz natürlich ihren Platz finden dürfen. Das Bild, das an seinem Platz steht, die Blumen, die du immer wieder frisch dort aufstellst, die Tätigkeiten, die du nun selbst machst, nachdem es eigentlich immer seine Aufgaben waren. Und das Sprechen über den Verstorbenen.

Es geht nicht unbedingt darum, immer die langen und ausführlichen Geschichten zu erzählen, obwohl auch diese wertvoll sind. Im Alltag kann es einfach darum gehen, eine kleine Erinnerung auszudrücken, die in dem Moment auftaucht. »Jetzt würde er dies oder jenes sagen.« Oder: »Das war ja immer ihr Lieblingsessen.« Was auch immer es sein mag, es darf alles ein

ganz natürlicher Bestandteil deines Lebens sein. Erlaube dir, deinen Verstorbenen immer wieder zu erwähnen und so für diese Momente mit in deinen Alltag zu holen. Erlaube den Spuren, die er hinterlassen hat, sichtbar zu bleiben.
Auch die unschönen Erinnerungen dürfen sein. Nur weil ein Mensch tot ist, heißt das nicht, dass die Auseinandersetzungen mit ihm ausgelöscht wurden oder dass die Seiten von ihm, die dich immer schon genervt oder geärgert haben, nicht mehr zu ihm gehören. Wir dürfen uns an diesen Menschen so erinnern, wie er war. Wir müssen kein geschöntes Bild von ihm zeichnen, nur weil er tot ist. Sein Leben muss nicht im Nachhinein aufpoliert werden. All das hat ihn ausgemacht als Mensch, so wie er war.

Ich lebe das weiter, was du nicht mehr vollenden konntest

Gerade wenn ein Mensch jung stirbt, wenn er mitten aus dem Leben herausgerissen wird, gibt es oft viele Träume, die er oder sie nicht mehr verwirklichen kann. Aber auch im Alter haben Menschen nicht unbedingt alles erlebt, was sie sich ihr Leben lang erträumt haben. Es gibt vermutlich immer ein paar Dinge, die Menschen unerledigt mit in den Tod nehmen. Vielleicht weil die Zeit dafür nie reif schien, vielleicht weil das Leben einfach letzten Endes doch zu kurz ist für all das, was wir hier erleben und erfahren könnten. Für viele Angehörige ist es tröstend und traurig-schön, diese ungelebten Träume und Wünsche für den Verstorbenen zu erleben. Vielleicht gab es ein Urlaubsziel, das derjenige immer bereisen wollte, aber es fehlte am nötigen Geld, an der Zeit oder an der Kombination aus beidem. Es ist traurig, dass er es nicht mehr erleben kann, und doch wird er es auf eine Art durch dich können, weil er in dir weiterlebt. Vielleicht gibt es ein Hobby oder eine Art Lebenswerk des Verstorbenen, das er nicht beenden konnte. Welche Möglichkeiten hast du, an Projekte oder Träume deines Verstorbenen anzuknüpfen und sie in seinem Sinne fortzuführen? Natürlich ist auch dies nur eine von mehreren Arten, um dich an deinen lieben Verstorbenen zu erinnern und mit ihm in Verbindung zu bleiben. Wenn es sich für dich zu schmerzhaft anfühlt oder du aus anderen Gründen seine Projekte nicht weiterführen möchtest, wirst du andere Möglichkeiten finden.

Für mich war es nach Julians Tod naheliegend, das Gespräch mit Buddhisten zu suchen, da er in Nepal gestorben ist und dort in einem buddhistischen Kloster verbrannt wurde. Einen buddhistischen Mönch habe ich einmal gefragt, was ich für Julian tun kann, ob es etwas gibt, was ihm jetzt noch helfen könnte. Daraufhin erklärte er mir, dass es aus karmischer Sicht hilfreich sei, Gutes in seinem Namen zu tun. Buddhisten glauben, dass nach dem Tod die Wiedergeburt in ein neues Leben ansteht. Unser Karma nehmen wir dorthin mit und so hat auch das, was wir in diesem Leben getan haben, einen Einfluss darauf, wie unser nächstes Leben verläuft, wer oder was uns darin begegnet (vereinfacht gesagt). Wenn wir in diesem Leben noch Gutes im Namen des Verstorbenen tun, so der Mönch, hat derjenige in seinem neuen Leben etwas davon. Unabhängig davon, wie wir uns das Leben nach dem Tod vorstellen, gefällt mir der Gedanke, über unsere Taten Gutes auch für den Verstorbenen zu kreieren. Vielleicht gibt es eine Sache, die deinem lieben Verstorbenen ganz besonders am Herzen lag? Gibt es die Möglichkeit, dass du dich in diesem Bereich engagierst oder bestimmte Initiativen, Vereine, Gruppen mit einer Spende unterstützt? Vielleicht gab es auch etwas an seinem Tod, was dich besonders beschäftigt

Der Tod fordert uns dazu auf, zu überprüfen, wie wir leben wollen.

und wo du eine Möglichkeit siehst, dich für andere einzusetzen, die Ähnliches erlebt haben, oder dafür, dass zum Beispiel die Todesursache besser erforscht und somit in Zukunft womöglich vermieden werden kann. Widme deine Arbeit in diesem Bereich ganz bewusst deinem lieben Verstorbenen, wenn sich das für dich gut anfühlt.

Das ist es auch, was der Dalai Lama zum Thema Tod und Trauer rät: Tue Gutes, widme dich dem Allgemeinwohl, gib deine Erfahrung weiter und hilf anderen, die Ähnliches erleben. Aus eigener Erfahrung kann ich das aus ganzem Herzen weiterempfehlen. Nicht nur, weil ich mir eine Welt wünsche, in der wir uns wieder mehr darauf besinnen, füreinander da zu sein und unsere ganz menschlichen Erfahrungen miteinander zu teilen, sondern auch, weil wir darüber einen neuen Sinn im Leben erfahren können, obwohl alles zunächst furchtbar sinnlos erscheint. Der Tod fordert uns auch dazu auf, zu überprüfen, wie wir leben wollen.

Was ist wirklich von Bedeutung für uns und worauf wollen wir am Ende unseres Lebens zurückblicken? Der Mensch, um den wir trauern, musste bereits gehen, aber wir sind noch hier, wir können die Welt um uns herum noch ein kleines Stückchen besser machen – mit ihm im Herzen und in seinem Namen.

Ich bin dankbar für unsere gemeinsame Zeit

Aus all dieser Erinnerungsarbeit und der Auseinandersetzung mit dem, was einmal war, wie dieser Mensch war, was er für uns bedeutet und was er in uns bewirkt hat, kann und wird mit der Zeit eine tiefe Dankbarkeit entstehen. Dankbarkeit scheint mir einer der größten Schlüssel dafür zu sein, die Verlusterfahrung, den Tod und die Trauer ins Leben zu integrieren und Zufriedenheit zu finden. Ich persönlich hatte das Wort »dankbar« nicht wirklich in meinem aktiven Wortschatz, bevor Julian starb. Zwar versuchte ich immer wieder einmal, etwas bewusster zu leben und nicht alles ganz so selbstverständlich zu nehmen, im Alltag ging das jedoch immer wieder unter.

Durch Julians Tod habe ich gelernt, wie kostbar das Leben ist. Sein Gehen hat mich dankbar werden lassen. Dankbar für die Zeit, die wir gemeinsam haben durften, dankbar für all das, was ich trotz des großen Verlustes noch im Leben hatte. Zugegeben, eine Zeit lang konnte ich das nicht wirklich sehen. Aber zumindest die Dankbarkeit für unsere gemeinsame Zeit, die spürte ich von Anfang an, wenn auch immer wieder durchmischt mit Wut oder Verzweiflung darüber, dass diese Zeit so unglaublich früh enden musste.

Dankbarkeit ist ein Gefühl, das einfach geschieht, das in einem Moment einfach da ist, wenn wir es zulassen. So kann ein wunderschöner Sonnenaufgang uns mitten aus dem Nichts heraus tief berühren und dankbar werden lassen für dieses Leben. Zugleich können wir Dankbarkeit ganz bewusst kultivieren, indem wir uns immer wieder bewusst machen, worauf wir unseren Fokus im Leben richten wollen. Wollen wir uns und unser Herz verschließen und die Welt mit ihrer Schönheit aussperren? Oder wollen wir inmitten des Schmerzes unser Herz wieder öffnen, weit werden und offen für das, was das Leben uns zeigen möchte? Ich weiß, es ist manchmal so schwer und die Angst, wieder so sehr leiden zu müssen, wenn wir uns erneut auf dieses Leben einlassen, ist groß. Und zugleich ist es doch alles, was wir haben, dieses Leben, mit all seinen Höhen und Tiefen.

Dankbarkeit kann uns dabei helfen, das Wesentliche zu bemerken. So habe ich es mir zur Gewohnheit gemacht, jeden Morgen nach dem Aufwachen einige Sätze in mein Dankbarkeitsbuch zu schreiben. Alle beginnen mit »Ich bin dankbar für ...« und wiederholen sich oft. So mache ich mir bewusst, dass es nicht jeden Tag etwas Großes oder Außergewöhnliches braucht und wie wertvoll und bedeutsam bereits die kleinen und scheinbar selbstverständlichen Dinge sind. Wir kommen ohne alles in dieses Leben und wir gehen ohne alles; alles dazwischen ist ein Geschenk. Selbst die schmerzhaften Erfahrungen bergen in sich stets eine Chance, ein Geschenk mitten in der Krise. Damit möchte ich diese Krise in keiner Weise schönreden oder kleinmachen. Es ist eine Krise und du darfst dich jederzeit weigern, sie als Chance zu sehen. Dennoch begreife ich sie als eine. Eine Chance, uns selbst wieder näherzukommen, eine Chance auf Heilung, eine Chance für ein bewussteres Leben im tieferen Verständnis für uns selbst und andere. Eine Chance zu erkennen, dass wir immer verbunden sind, immer getragen, immer von Liebe umhüllt. Selbst in den schwersten Zeiten. Manche mögen es Gott nennen, manche vielleicht Lebensenergie, manche haben gar keinen Namen dafür. Etwas ist da und wir dürfen vertrauen. Vertrauen, dass das Leben noch etwas mit uns vorhat.

Ich bleibe liebevoll mit mir, auch wenn scheinbar nichts gelingt

Mitten in der Krise, in schmerzhaften Phasen, in denen es dir womöglich psychisch nicht gut geht, ist es nicht leicht, sich an die Dankbarkeit zu erinnern und an das, was guttut. In besseren Zeiten fiel es mir immer deutlich leichter. Wenn mich wieder einmal eine Welle der Trauer umspülte oder gar umwarf, schaffte ich es meist nicht, weiterhin dankbar in mein Buch zu schreiben oder sonstige Übungen und Methoden zu praktizieren, von denen ich eigentlich wusste, dass sie mir guttun. Oft verurteilte ich mich dann dafür, dass ich es nicht schaffte, selbst gut für mich zu sorgen. Ich wusste doch, wie es ging, warum nur konnte ich mich dann nicht daran halten? War ich nicht

irgendwie auch selbst schuld daran, dass das alles so unglaublich lange dauerte?
Vielleicht kennst du diese Gedanken, vielleicht geht es dir ähnlich. In manchen Zeiten gelingt es gut, liebevoll mit uns zu sein, sich den Erinnerungen, der Trauer und uns selbst wohlwollend zuzuwenden und all das zu berücksichtigen, was wir in weisen Momenten über uns und das Leben erfahren. Und dann kommen wieder diese scheinbaren Rückschritte und wir scheitern vermeintlich auf diesem Weg, der doch in unserem Kopf so klar erschien. Weil es so wichtig ist, wiederhole ich mich, wenn ich dich nun einlade, einmal auszuprobieren, gerade in diesen schweren Zeiten liebevoll mit dir selbst zu sein. Es ist nicht deine Schuld, dass es dir gerade nicht gut geht. Du hast dir nichts vorzuwerfen. Es ist einfach. So wie es ist. Du hast weder versagt, noch müsstest du irgendetwas besser oder anders hinkriegen. Ich bin mir ganz sicher, dass du zu jeder Zeit dein Bestes gibst. Und doch lassen sich die Wellen der Trauer nicht aufhalten. Es ist ganz normal und in Ordnung, wenn sie dich auch heute noch umhauen. Wie wäre es, wenn du dich in diesen Momenten einmal selbst umarmst, statt noch zusätzlich verbal auf dich einzuschlagen? Was wäre es, was du in diesen Momenten wirklich brauchst? Was würdest du einer guten Freundin in genau dieser Situation sagen oder geben? Und was würde dein lieber Verstorbener dir heute sagen, wenn es dir wieder einmal schlecht geht? Wie würde er mit dir umgehen?
Manchmal ist es schwer, ganz alleine an der Kultivierung der Dankbarkeit dranzubleiben. Deshalb kann es hilfreich sein, dir jemanden in deinem Umfeld zu suchen, der gemeinsam mit dir die Dankbarkeit entdecken und stärken möchte. Es braucht nicht viel dazu und gemeinsam könnt ihr euch gegenseitig daran erinnern, es umzusetzen. Es reicht die Vereinbarung, euch täglich eine kurze Nachricht zu schicken, in der ihr aufzählt, was heute gut war. Es ist erstaunlich, wie sich jeden Tag etwas finden

lässt, egal wie schrecklich sich dieser Tag auch angefühlt haben mag.
Gemeinsam mit der bleibenden Liebe zu unseren Verstorbenen kann die Dankbarkeit unser Herz wieder neu öffnen für Begegnungen, die zu uns kommen wollen, und für das Leben in all seiner Vielfalt, das von uns gelebt werden möchte. Öffnen auch für die Erinnerungen an unseren Verstorbenen, die weiter durch uns fließen wollen. Es gibt nichts, das wirklich uns gehört in diesem Leben. Wir haben keinen vertraglichen Anspruch auf irgendetwas. Es gibt diese Gerechtigkeit nicht, die wir so gerne fordern. Wir kommen mit nichts und wir gehen mit nichts. Die Zeit mit den Menschen, die wir lieben, ist immer ein Geschenk.

> Die Dankbarkeit kann unser Herz wieder öffnen für Begegnungen, die zu uns kommen wollen.

So schrecklich es sich anfühlt, wenn uns etwas genommen wird, was wir lieben, so sehr ist es doch auch ein Geschenk, dass wir es eine Zeit lang in unserem Leben haben durften. Nichts, gar nichts hier ist selbstverständlich. Unsere Erinnerungen, Erfahrungen, das, was uns tief in unserem Wesen ausmacht, dieser Kern, den manche das wahre Selbst nennen – das ist alles, was wir wirklich haben. Das ist es, was niemand uns nehmen kann. Das ist es, was wir womöglich in seiner Essenz mitnehmen können aus diesem Leben, wenn wir selbst einmal diesen Körper verlassen werden.

Meine Trauer als liebevolle Begleiterin

In den letzten Kapiteln haben wir uns von verschiedenen Seiten der Trauer angenähert. Wir haben uns erinnert, was dieses erste Jahr für uns und unsere Trauer bedeutet, was es mit uns macht, wenn ein geliebter Mensch stirbt. Wir haben uns der Frage genähert, was Trauer eigentlich ist, und festgestellt, dass es sich um etwas ganz Individuelles handelt. Wir haben geschaut, wo und wie die Trauer den Raum bekommen kann, den sie braucht, und wie wir sie ausdrücken können. Wir haben auch gemeinsam überlegt, welche Möglichkeiten es gibt, die wertvollen Erinnerungen an unsere Verstorbenen zu bewahren. Vielleicht hast du das eine oder andere bereits für dich ausprobiert und dich und deine Trauer näher kennenlernen können. Vielleicht hast du an der einen oder anderen Stelle auch eine Bestätigung gefunden für den Weg, den du bereits gehst. Im nun folgenden Kapitel werden wir beleuchten, wie wir die Trauer als wirklich liebevolle Begleiterin betrachten und annehmen können.

Ich will meine Trauer überhaupt nicht annehmen!

Vielleicht nerven dich meine Einladungen, den Widerstand aufzugeben und liebevoll mit dir und deiner Trauer zu sein, an dieser Stelle. Es tut womöglich immer noch so weh, das Leben ist so beschwerlich geworden. Du gibst dir wirklich große Mühe, aber es ist einfach immer wieder so anstrengend. Und dann komme ich daher und erzähle dir was von Liebe und wie wundervoll deine Trauer ist. Ich kann gut verstehen, wenn dich das zwischendurch nervt und du es vielleicht nicht mehr hören kannst, weil ich das selbst so gut kenne. Wie oft habe ich all die tollen Erfahrungsberichte von anderen gelesen oder Ratgeber, in denen ich ganz viele Ideen fand, wie es gehen könnte. Und dann klappte es einfach nicht. Immer wieder war ich völlig frustriert und auch so hoffnungslos. Wie sollte es auch Hoffnung geben, wenn niemand kommen und alles wieder gut machen würde? Warum musste ich es immer wieder aus mir selbst heraus schaffen? Und was sollte ich bloß mit all diesen schlauen Tipps machen, wenn niemand mir wirklich konkret sagte, was es jetzt zu tun gab für mich?

Nein, ich bin nicht friedlich Hand in Hand mit meiner Trauer durch diese Zeit getanzt und ich habe mich auch nicht hingebungsvoll in jedes aufkommende Gefühl geworfen, nicht sofort alles angenommen, was da war. Auch heute mache ich das nicht. Schließlich kommen die Gefühle meistens auch so unpassend. Wann sitzen wir schon da und denken uns: »Ach, jetzt so eine große Portion Traurigkeit, das wäre schön, ich habe gerade auch sonst gar nichts vor«? Nein, auch ich möchte lieber immer gut drauf sein, in Freude, Liebe und Dankbarkeit durch den Tag gleiten, voller Energie meine Projekte angehen. Wenn dann andere Gefühle kommen, tue ich oft erst einmal so, als würde ich sie nicht bemerken, und versuche, einfach weiterzumachen. Dann erinnere ich mich daran, dass sie nur gefühlt werden wollen, ein bisschen Raum brauchen. Ich weiß es ganz genau, aber ich finde es einfach auch so blöd, es passt mir doch jetzt wirklich gerade gar nicht. Dann weigere ich mich ein wenig, fluche womöglich innerlich eine Weile lang herum. Oder ich jammere und schimpfe und beschwere mich über das, was da jetzt gerade so wehtut und mir so unlösbar erscheint. Wenn in so einem Moment jemand kommt und mir liebevoll erzählt, dass ich es doch auch blöd finden darf und dass alles erlaubt ist, macht das einen Teil von mir wirklich aggressiv. Dieser ganze »Therapiequatsch« – so habe ich es eine Zeit lang genannt – hilft mir doch auch nicht weiter, denke ich dann. Immer dasselbe, immer soll man alles annehmen und loslassen und lieben. »So ein Quatsch, als ob die Welt so funktionieren würde«, ruft dann eine Seite in mir. »Das können die ja alle leicht sagen, die sind ja gerade nicht in meiner Situation! Das hier *kann* man nicht annehmen, das geht einfach nicht. Alles andere vielleicht, aber das hier nicht! Ich jedenfalls kann es nicht. Ich will es gar nicht! Immer derselbe Scheiß, ich will endlich eine Lösung hierfür, ich will hier raus, ich will das alles nicht. Ich kann nicht mehr.«

Irgendwann gebe ich dann meistens doch auf. Inmitten meines »Ich kann nicht mehr« merke ich, dass ich es gar nicht können muss. Dass ich womöglich wieder einmal etwas von mir selbst verlangt habe, das ich gar nicht erfüllen muss. Dass ich vor allem nicht die ganze Zeit stark sein muss. Etwas in mir entspannt sich, der Kampf und die Härte dürfen gehen und ich nehme mir die Zeit, mich ein wenig selbst zu umarmen. So wie nach einem Streit mit einer guten Freundin. Oft merke ich dann, dass es doch wieder meine eigene Angst war. Dass die Trauer – oder welches Gefühl auch immer gerade da war – eigentlich gar nichts dafür konnte, dass ich mich so aufgeregt habe.

Inmitten meines »Ich kann nicht mehr« merke ich, dass ich es gar nicht können muss.

Aber annehmen ist kein Schalter, den wir von heute auf morgen umlegen können. Es gelingt mit der Zeit besser, einfach weil wir bereits die Erfahrung gemacht haben, dass es tatsächlich hilft, und wir uns selbst und unsere Gefühle besser kennen. Und doch ist es okay, wenn es immer wieder auch nicht gelingt auf diesem Weg. Das schreibe ich an dieser Stelle sowohl dir als auch mir selbst – ich jedenfalls kann es nicht oft genug hören.

Ich bleibe im Kontakt mit meiner Trauer

Ich möchte nun noch einmal mit dir erkunden, was die Trauer als Begleiterin ausmacht und wie sie womöglich zu einer guten Freundin für dich werden kann. Denn genau das möchte sie für uns sein: eine Freundin, die uns hilft, das Unfassbare zu begreifen, anzunehmen und zu integrieren. Sie sorgt dafür, dass die Verbindung zu unserem lieben Verstorbenen bestehen bleibt, indem sie immer wieder den Kontakt zu ihm sucht. Sie möchte uns ebenfalls darin unterstützen, uns selbst aufzuspüren inmitten unseres eingestürzten Lebens. Sie erinnert uns daran, wann es Zeit ist innezuhalten, wahrzunehmen und zu fühlen. Ja, bei der Trauer als Freundin geht es vor allem um Gefühle. Sie ist keine, mit der wir stundenlang die Dinge ganz rational hin- und herwälzen und besprechen. Sie hat nicht unbedingt ein Interesse daran, dass wir ausschließlich mit unserem Verstand wissen, wie es theoretisch funktioniert mit ihr und dem Leben. Sie lädt uns immer wieder ein, uns wirklich zu fühlen.

Und dabei unterscheidet sie nicht zwischen »passenden« und »unpassenden« Momenten. Manchmal ist sie deshalb ein sehr ungebetener Gast. Sie verlangt wirklich viel von uns. Sie will einfach sein, sie will gefühlt werden und sie will auch dir helfen, ganz du zu sein. Sie versteht nicht, wenn du sie wegschiebst. Wie kann es unpassend sein, jetzt traurig zu sein, wo es doch zutiefst traurig ist, dass dein geliebter Mensch fehlt? Was könnte es in diesem Moment, wenn das gefühlt werden möchte, Wichtigeres geben? Deine Trauer wünscht sich, von dir gesehen und angenommen zu werden.

Das heißt nicht, dass du sie jeden Tag umarmen oder dich über sie freuen musst. Du musst auch nicht alles gut finden, was sie tut. Immer wieder geht es auch darum zu schauen, wie die Bedürfnisse der Trauer und die Rahmenbedingungen deines Lebens mehr in Einklang gebracht werden können. Wann ist es tatsächlich möglich, die Trauer zu fühlen und auszudrücken, so wie sie grade kommt, und wann geht das nicht? Wie kannst du dann mit ihr umgehen? Als Freundin kannst du ihr vielleicht liebevoll erklären, dass du dir später Zeit für sie nehmen wirst. Ich meine das ernst, du kannst dir deine Trauer wirklich auf diese Art als Freundin vorstellen. Eine Begleiterin in deinem Inneren. Eine Begleiterin, mit der du durchaus verhandeln und sprechen kannst. Wie häufig verabredest du dich noch mit deiner Trauer, um dir ganz bewusst Zeit für sie zu nehmen?

Ich lade dich ein, wieder einmal innezuhalten und deiner Trauer heute noch einmal ganz bewusst zu begegnen. Mach es dir bequem und schließe deine Augen. Verbinde dich mit deinem Atem und beobachte einige Atemzüge lang, wie er durch deinen Körper fließt. Ein weicher, sanfter Atem. Vielleicht bemerkst du, wie deine Bauchdecke sich hebt und senkt. Vielleicht spürst du deinen Atem heute vor allem an deiner Nasenspitze, wie er dort aus- und einströmt. Atme ganz weich und lass dich in deinen Körper sinken. Bitte nun deine Trauer, sich dir zu zeigen. Wie sieht sie heute aus? Wie nimmst du sie wahr? Vielleicht bekommst du ein Bild von ihr als Person. Oder ein Symbol, eine Farbe, eine Form. Vielleicht ist es auch ein Wort oder ein Satz, der auftaucht. Vielleicht möchte sie sich dir heute auch nicht zeigen. Egal was kommt, es ist okay. Atme ganz weich und nimm wahr, wie sich die Trauer heute, jetzt in diesem Moment anfühlt. Wenn du magst, dann kannst du sie auch etwas fragen, mit ihr in den Dialog gehen. Oder einfach lauschen, ob es etwas gibt, das sie dir heute mitteilen möchte. Verweile einen Moment mit deiner Trauer. So lange, wie es sich stimmig anfühlt. Lass dich immer wieder von deinem Atem ganz sanft in dieses Bild hineingleiten. Spüre, wenn es Zeit ist, dich aus dieser Begegnung zu verabschieden. Nimm noch einmal einige bewusst tiefere Atemzüge. Spüre, wie der Atem deinen Körper bewegt, und lass die Bewegung langsam wieder in deinen

Körper kommen. Öffne die Augen und komm wieder zurück in diesen Moment.

Wie jede Übung kannst du auch diese jederzeit wiederholen und für dich stimmig weiter ausbauen. Vielleicht möchtest du sie nutzen, um zu bestimmten Zeiten mit der Trauer in Kontakt zu gehen und regelmäßig zu schauen, wie sie sich dir zeigt, wie es ihr geht, was sie dir sagen möchte. Du kannst die Übung auch nutzen, um ihr zu sagen, was dich an ihr nervt. Wie in einer richtigen Freundschaft eben.

Gefühle wollen gefühlt werden – manchmal alle zur gleichen Zeit

Trauer ist nicht einfach Traurigkeit. Trauer hat unendlich viele Facetten und beinhaltet so viele verschiedene Gefühle – manchmal alle gleichzeitig. Früher dachte ich, ich kann nur entweder traurig oder voller Freude sein. Heute weiß ich, dass beides gleichzeitig möglich ist. Die Trauer hat mir zum ersten Mal die volle Bandbreite meiner Gefühlspalette gezeigt – in beide Richtungen. Denn neben der Traurigkeit, Wut, Verzweiflung, Hoffnungslosigkeit steckt doch auch so viel Liebe, Dankbarkeit und sogar Freude in ihr. Freude beim Gedanken an den Verstorbenen. Ich muss dir nicht erzählen, dass die negativen Gefühle meist eine Zeit lang überwiegen, ja, alles einnehmen in uns. Das Konzept von »gut« oder »Freude« verstehen wir in dieser Zeit womöglich gar nicht mehr. Und doch, auch diese positiven Gefühle gehen nicht ganz weg, bleiben uns gerade auch durch die Trauer erhalten. Es mag paradox klingen – wie so vieles im Zusammenhang mit Tod und Trauer. Nichts ist so schwarz oder weiß, wie unser Verstand es manchmal gerne haben würde, um

es besser einordnen zu können. Unsere Welt und unser Leben ist deutlich vielschichtiger, als wir es bisher geglaubt haben.
Eine Freundin von mir sagte einmal, Gefühle seien Herdentiere. Unterdrücken wir einige von ihnen, zeigen sich auch die anderen nicht mehr oder nur in gedämpfter Form. Ehrlich gesagt, habe ich vor Julians Tod gefühlsmäßig ziemlich gedämpft gelebt. Ich wusste es natürlich nicht, kannte es ja nicht anders. Aber dadurch, dass ich stets darauf bedacht war, die negative Seite meiner Gefühlswelt nach Möglichkeit zu ignorieren, konnte sich auch die andere Seite nicht voll entfalten. Ich lebte in einem relativ konstanten »Alles ist ganz okay«-Gefühl und spürte doch immer schon, dass etwas fehlte.

> Schmerzhafte Gefühle zuzulassen, kann uns dabei helfen, insgesamt intensiver zu fühlen.

Schmerzhafte Gefühle in der Trauer zuzulassen und zu fühlen, kann uns dabei helfen, insgesamt intensiver zu fühlen. So wird die Freude, wenn sie wieder zu uns findet, sich womöglich ganz anders, vielleicht tiefer und vollständiger anfühlen als zuvor. Licht braucht Schatten, damit wir es überhaupt erkennen können. Ich habe zu Beginn meiner Trauer geglaubt, dass ich nie mehr so unbeschwert leben würde wie zuvor. Heute sehe ich, dass ich die Freude und das Glück erst so richtig wahrnehmen kann, weil ich auch die anderen Seiten gesehen und angenommen habe.
Manchmal erscheint uns die Trauer wie ein riesiger Brocken, der so schwer zu tragen ist. Wenn wir die einzelnen Gefühle darin erkennen und unterscheiden lernen, kann uns das dabei helfen, sie zu fühlen und uns weniger ausgeliefert vorzukommen. Vielleicht erkennen wir auch, wie alles zusammenhängt. Wie zum Beispiel die Wut, die sich scheinbar gegen etwas im Außen richtet, uns eigentlich nur davor bewahren will, die

dahinterliegende tiefe Verzweiflung zu fühlen. Um diesen riesigen Brocken aus Gefühlen der Trauer etwas greifbarer werden zu lassen, ist es hilfreich, ganz bewusst in deinem Körper anzukommen. Wo im Körper fühlst du das, was gerade da ist? Wie fühlt es sich dort an? Welche Form und Farbe hat es, wenn du es beschreiben müsstest? Mithilfe unseres Körpers kann es mit der Zeit immer besser gelingen, bewusster wahrzunehmen, was in uns geschieht. Denn Gefühle finden im Körper statt, nicht allein im Kopf. Das scheinbar gleiche Gefühl kann dann ganz unterschiedlich wahrgenommen werden.

So mag sich deine Traurigkeit mal ganz sanft und wohlig weich anfühlen – wie eine graue Kuscheldecke, in die du dich hineinfallen lassen kannst. Mal ist sie schmerzhaft und furchtbar anstrengend, schwer und hart wie ein fester, riesiger Klumpen in deinem Bauch. Immer findet sie auch ihren Ausdruck in deinem Körper. Wo kannst du sie spüren, wie fühlt es sich dort an, welches innere Bild bekommst du, wenn du sie näher betrachtest?

Vielleicht begegnet dir im Zusammenhang mit deiner Trauer auch eine Wut, die du zuvor so nicht kanntest. Eine Wut auf den Verstorbenen, auf die Welt, auf Gott oder einfach nur eine große Wut, die nicht einmal weiß, gegen wen sie sich eigentlich richten möchte. Wut ist ein häufig verachtetes Gefühl, mit dem wir uns selten irgendwo zeigen dürfen. Dabei steckt so viel Energie darin. Im Gegensatz zur Traurigkeit bringt Wut oft einen großen Energieschub mit sich. Kannst du diese Energie fühlen? Wo im Körper fühlst du sie? Wie könntest du sie entladen? Wofür könntest du sie nutzen, wenn du sie positiv einsetzen würdest?

Welche anderen Gefühle sind noch da in dem, was wir allgemein als »Trauer« bezeichnen? Langsam, in deiner eigenen Zeit, kannst du sie alle erforschen und ihnen so ein wenig den Schrecken nehmen. Du kannst sie fühlen, ohne dich darin zu verlieren. Dein Atem wird dir helfen und dich sowohl hinein- als

auch wieder hinausbegleiten. Besinne dich auf deinen Atem, achte immer wieder darauf, wie er sich anfühlt, wie er ganz weich in deinen Körper fließt. Lass dich hineinsinken in das Gefühl. Vielleicht entdeckst du hinter diesem Gefühl ein ganz anderes. Dein liebevoller Atem wird dich darin unterstützen, die Gefühle immer sanfter und mit weniger Widerstand durch deinen Körper hindurchfließen zu lassen. Erlaube deinen Gefühlen zu fließen, erlaube deinem Körper und dir selbst, den Widerstand Stück für Stück aufzugeben.
Mir hilft es immer wieder, mir meiner Gefühle auf diese Art bewusster zu werden, um mich und meine Reaktionen besser zu verstehen und womöglich wählen zu können, es in diesem Moment anders zu machen. Dein Atem kann dir dabei helfen, deine Gefühle anders wahrzunehmen und dabei mehr in deinem Körper anzukommen. Immer wieder kannst du ganz weich atmen und dich tiefer in deinen Körper sinken lassen – auch wenn du nur wenige Minuten Zeit hast. Sei dabei wirklich ganz liebevoll mit dir selbst. Wenn dich die Traurigkeit einfach nur durchschüttelt, dich wegschwemmt und überwältigt, ist es völlig okay, wenn es dir jetzt nicht gelingt, sie näher zu beobachten. Vielleicht gelingt es dir beim nächsten Mal.

Ich höre auf zu bewerten

Der Traurigkeit und der Wut ist es ziemlich egal, ob wir sie als »positiv« oder »negativ« bewerten. Sie sind einfach da, wie sie sind. Ob wir sie nun als negativ bezeichnen oder nicht, ändert nichts daran, dass wirklich alles, was sie wollen, deine Bereitschaft zum Fühlen ist. Das bedeutet nicht, dass wir uns in jedem Gefühl verlieren müssen. Wir dürfen erkennen, dass wir sie haben, sie aber zugleich nicht sind. Das ist ein entscheidender Unterschied. Du bist immer mehr als dein Gefühl. Selbst wenn die Traurigkeit in einem Moment noch so groß ist, bist du nicht deine Traurigkeit. Sie mag für diesen Moment alles andere überdecken, aber das heißt nicht, dass es nicht mehr da ist. Mithilfe der Praxis der Achtsamkeit, die in den vergangenen Jahren und Jahrzehnten ihren Weg aus dem Buddhismus heraus zu uns gefunden hat, kannst du lernen, deine Gefühle wie Wellen durch dich hindurchfließen zu lassen. Es ist unmöglich, sie aufzuhalten, aber du kannst lernen, anders mit ihnen umzugehen. Mit der Zeit wirst du feststellen, dass es möglich ist, dich selbst zu beobachten, während du deine Gefühle fühlst. Du kannst alles fühlen und zugleich nicht darin versinken. Mit einem kleinen Teil deiner Aufmerksamkeit kannst du Beobachter bleiben, während der Rest in die Welle der Traurigkeit eintaucht. Je weniger Widerstände da sind, je weniger du dagegen kämpfst, desto freier kann diese Welle durch deinen Körper fließen und damit auch wieder gehen.

Ein wichtiger Begleiter auf diesem Weg der Achtsamkeit ist, wie bereits beschrieben, dein eigener Atem. Eine Idee davon, wie du dich immer wieder im Alltag mit ihm verbinden kannst, gebe ich dir in den kleinen Übungen hier im Verlauf des Buchs. Du brauchst keine umständlichen Methoden. Im Grunde hast du immer alles bereits in dir. Doch das gefällt unserem Verstand oft gar nicht gut. Er ist so weit entwickelt und intelligent, dieser Verlust und die Trauer scheinen so unlösbar und kompliziert; womöglich sieht er es als seine Aufgabe an, eine ebenso herausfordernde Lösung zu finden. Versteh mich nicht falsch, ich möchte den Verstand in keiner Weise abwerten. Wir wären ganz schön aufgeschmissen, wenn wir ihn nicht hätten. Mir geht es lediglich darum, auch die andere Seite in dir, in uns, wieder zu stärken, denn sie ist lange zu kurz gekommen und doch gerade in der Trauer so hilfreich. Bei vielen von uns übernimmt der Verstand so gut wie alles, dabei ist es gar nicht seine Kompetenz, sich mit Gefühlen zu beschäftigen. Beim Fühlen ist eigentlich alles ganz einfach, es gibt keine komplizierten Regeln. Und gerade deshalb ist es so schwer, weil wir es gar nicht glauben können und stattdessen nach schwierigen Lösungen suchen. Und weil wir es eben so nicht gelernt haben. Es ist also einfach und keinesfalls leicht zugleich.

Ein bisschen verrückt ist das schon: Als Kinder wussten wir all das noch. Wenn du ein Kind dabei beobachtest, wie es mit seinen Gefühlen umgeht, dann tut es genau das: Es fühlt sie, lässt die Welle einmal durch sich selbst hindurchfließen und fühlt dann einfach das nächste Gefühl. So kann es im einen Moment herzzerreißend weinen und im nächsten schon wieder große Freude über etwas empfinden. Es fühlt die Gefühle, so wie sie da sind, und lässt sie wieder ziehen. Wir haben uns das auf dem Weg ins Erwachsenendasein mühsam abtrainiert, indem wir gelernt haben, unsere Gefühle zu kontrollieren und damit nicht mehr zu fühlen. Mithilfe der Achtsamkeit als jahrtausendealte Methode können wir es wieder erlernen.

Ich lade dich deshalb ein, die Gefühle, die zu deiner Trauer gehören, mithilfe deines Atems zu erforschen. Suche dir dazu wieder einen ruhigen, bequemen Ort, an dem du ungestört bist. Atme ganz weich, schließe deine Augen und komme ganz bei dir an. Achte darauf, dass deine Füße den Boden berühren. Atme in diese Verbindung. Gehe mit deiner Aufmerksamkeit in deine Beine und in deine Füße, atme dort hinein. Stell dir vor, wie du durch deine Füße die Energie der Erde einatmest. Wie du sie in deinen Körper hineinatmest. Durch deine Beine nach oben in deinen Bauch. Spüre, wie sie sich in deinem Bauch ausbreitet. Spüre, wie sie in deinem Herzen ankommt. Mit jedem Atemzug holst du neue Energie über deine Füße aus dem Boden. Es ist eine unerschöpfliche Quelle an Energie, die du dort anzapfen kannst. Spüre die Verbindung mit der Erde, spüre, wie du getragen und gehalten wirst. Atme ganz sanft in diese Verbindung hinein. Und dann spüre, welche Gefühle jetzt gerade da sind. Wenn du merkst, wie sie drohen, dich wegzuspülen oder zu überwältigen, kannst du mit deiner Aufmerksamkeit immer wieder zurück zu deinem Atem gehen. Spüre die Verbindung zur Erde und atme ganz weich. Wo in deinem Körper spürst du das Gefühl, das gerade da ist? Wie fühlt es sich an? Wie sieht es aus? Hat es vielleicht eine Farbe? Atme in dieses Gefühl hinein und nimm einfach nur wahr, was da ist. Lass dich hineinsinken. So weit, wie es für dich heute möglich ist. Vielleicht zeigt sich dir dahinter ein weiteres Gefühl. Bleib bei deinem weichen Atem und lass dich auch dort hineinsinken. Mitten hinein in dein Gefühl. Nimm wahr, wo im Körper es sich dir zeigt. Nimm wahr, was es dir sagen möchte. Lass alle Härte jetzt gehen, lass dich ganz ohne Widerstand dort hineinsinken. Alles, was jetzt aufkommt, ist okay. Alles, was du fühlst, darf sein. Fühle, was jetzt gerade gefühlt werden will. Und erinnere dich immer wieder an deinen Atem. Atme in deine Füße und in die Erde. Spüre die Energie der Erde, die dich nach wie vor trägt. Wenn du magst, beende die Übung jetzt. Atme noch einmal mit einigen tiefen Atemzügen die Energie der Erde ein. Sie ist eine Quelle, mit der du dich zu jeder Zeit verbinden kannst. Lass langsam die Bewegung wieder in deinen Körper kommen, so, wie es für dich stimmig ist. Öffne die Augen und sei wieder ganz da. Vielleicht magst du dich noch einen Moment lang liebevoll umarmen, vielleicht magst du direkt in die Bewegung gehen. Steh auf, schüttel dich, lass alles aus deinem Körper, was sich womöglich gelöst hat. Gerade, wenn wir Angst fühlen, kann uns das oft in eine Starre bringen. Gehe bewusst in die Bewegung und gib deinem Körper das Signal, dass alles okay ist.

Die Kraft meiner Gedanken in der Trauer

Trauer hat viel mit Fühlen zu tun, aber sie möchte deinen Verstand nicht ausschalten. Auch deine Gedanken sind wichtig. Was denkst du über deine Trauer, was denkst du über den Tod und darüber, was dieser Verlust mit dir macht? Was braucht dein Verstand, um in all den Gefühlen nicht vernachlässigt zu werden? Welche Aufgabe kann dein Verstand in der Trauer übernehmen?

Unsere Gedanken haben eine große Kraft. Oft ist uns nicht bewusst, welche Gedanken wir täglich denken und welche Auswirkungen sie auf unser Erleben haben. Denkst du, dass das Leben es böse mit dir meint, du womöglich bestraft wirst, es einfach nur ungerecht ist, was dir geschieht? Haderst du die meiste Zeit mit deinem Schicksal und bist dir sicher, dass es niemals mehr gut sein kann in deinem Leben? Machst du dir womöglich Vorwürfe?

All diese Gedanken kann ich gut verstehen. Ich möchte sie dir auch nicht ausreden. Ich möchte dir aber bewusst machen, dass es etwas in dir bewirkt, wenn du dir wie ein Mantra immer wieder selbst sagst, dass es eben nicht gut sein kann in deinem Leben, dass der Schmerz deiner Trauer für immer bleiben und dich niederdrücken wird. Vermutlich wird es sich erfüllen, was du denkst. Es macht etwas mit uns, wenn jemand – in diesem Fall wir selbst – uns immer wieder erzählt, dass wir etwas falsch machen, es einfach nicht hinkriegen, irgendwie unfähig sind.

Ich halte nichts davon, so zu tun, als müssten wir einfach nur endlich anders denken und schon wäre unser Leben gerettet. Es hat etwas Oberflächliches, wenn wir vordergründig immer wieder positive Dinge sagen und denken, sie aber tief drin nicht fühlen und dahinter nach wie vor die alten Glaubenssätze wiederholt werden. Es bleibt ein Wechselspiel zwischen Gefühlen und Gedanken, die sich jeweils gegenseitig beeinflussen. Ich

möchte dir keine positiven Gedanken aufzwängen in einer Zeit, in der negative Gedanken nun einmal dazugehören. Es ist und bleibt scheiße, dass dieser liebe Mensch gestorben ist. Es darf scheiße bleiben. Aber ich lade dich ein, einmal mit deinen Gedanken zu spielen. Und sie immer wieder zu hinterfragen.
Jetzt gerade scheint es wahr zu sein, dass der Schmerz für immer bleibt, doch was wäre, wenn es gar nicht die Wahrheit ist? Was wäre, wenn es im Hier und Jetzt auf eine Art wahr ist und sich dennoch in der Zukunft verändern kann? Was wäre, wenn du den Tod deines geliebten Menschen aus einem anderen Blickwinkel betrachten könntest? Was wäre, wenn deine Trauer gar nicht gekommen wäre, um für immer zu bleiben, sondern nur um dich für eine gewisse Zeit zu begleiten? Was wäre, wenn das Leben tatsächlich noch etwas mit dir vorhätte? Was wäre, wenn inmitten dieser Krise tatsächlich eine Chance stecken würde? Was wäre, wenn du diese Gedanken für den Moment zulassen könntest?
Was wäre, wenn deine Gedanken nicht immer der Wahrheit entsprächen? Du kannst sie trotzdem denken, aber das heißt nicht, dass du sie unbedingt glauben musst.
Auch während wir trauern, geht das Leben weiter. Unser Verstand ist dafür zuständig, dass wir mit all unseren überschwemmenden Gefühlen nicht ganz untergehen in dieser Welt. Er sorgt dafür, dass wir ausreichend Nahrung einkaufen und zu uns nehmen oder wichtige Dinge mit Versicherungen oder Ämtern klären können, die für unsere Versorgung notwendig sind. Darüber hinaus möchten wir auch verstehen, was geschehen ist. Als Menschen mit diesem hoch entwickelten Gehirn möchten wir nicht ausschließlich fühlen und uns von unseren Impulsen lenken lassen. Wir möchten planen, verstehen und einordnen können, was mit uns geschieht. Für viele Trauernde ist es wichtig, nach einer gewissen Zeit noch einmal an den Unfallort zu gehen oder mit Menschen zu sprechen, die unmittelbar mit dem Tod

ihres Angehörigen zu tun hatten. All das kann dabei helfen, besser zu verstehen, was genau geschehen und wie es dem Verstorbenen in seinen letzten Lebensmomenten ergangen ist.
Mithilfe unseres Verstandes und unserer Gedanken können wir auf diesem Weg einen Rahmen schaffen, innerhalb dessen wir uns sicher genug fühlen, die Gefühle der Trauer zu erfahren. Schritt für Schritt können wir das Erlebte neu einordnen in unsere ganz persönliche Lebensgeschichte.

Endlich darf ich einmal traurig sein inmitten dieser fröhlichen Welt

Es gibt viele Arten, das, was wir erleben, zu betrachten. Wir haben zwar nicht die Wahl, was uns im Leben geschieht, und können den Tod unseres lieben Menschen nicht rückgängig machen, aber wir können immer wieder aufs Neue entscheiden, wie wir all das betrachten wollen. Und dabei ist es völlig in Ordnung, wenn du dich immer wieder dafür entscheidest, den Schmerz darin zu sehen und darunter zu leiden. Es tut einfach unglaublich weh, dass dieser Mensch nun in deinem Leben fehlt, und dabei ist es natürlich ganz verständlich, wenn du darunter leidest.
Dass Schmerz ausschließlich Leid verursacht, ist dennoch nicht die einzig mögliche Sichtweise. Ich habe es so erlebt, dass es auch erleichternd sein kann, Schmerz zu spüren. Die Trauer erlaubt uns, endlich einmal wirklich traurig zu sein und uns womöglich einmal ganz gehen zu lassen. Inmitten einer bunten, lauten, oft oberflächlichen und unnatürlich fröhlichen Welt kann es tatsächlich erleichternd sein, sich das zu erlauben. Einfach mal nicht zu funktionieren und auch noch einen guten Grund dafür zu haben. Auch das erlaubt unsere Trauer uns. Natürlich hätten wir es uns nicht ausgesucht, so ganz bewusst,

und doch ist es auch in Ordnung, es jetzt für uns zu nutzen. Nach Julians Tod gab es oft Zeiten, in denen ich an dieser bunten Welt nicht teilhaben wollte oder konnte. Es ist absurd zu denken, es wäre nötig, angemessen oder besonders gesund, wenn wir möglichst schnell wieder zurückkommen in diese oberflächliche Scheinwelt. Der Tod hat uns doch gerade eben erst gezeigt, dass es mehr gibt, dass es auch die andere Seite gibt, dass das Leben endlich ist – und genau in dieser Endlichkeit auch so unglaublich kostbar.

Eigentlich muss es keinen Grund geben für unsere Gefühle und doch trifft es meist auf wenig Verständnis, wenn wir uns scheinbar grundlos daheim verkriechen wollen. Ich habe gelernt, dass ich das manchmal tatsächlich möchte. Ich möchte dann einfach mit meiner Traurigkeit oder anderen Gefühlen sein. Ich kann es meist gar nicht erklären und habe auch gar keine Lust darauf, es in Worte zu fassen. Ich möchte an diesen Tagen einfach sein mit dem, was ist. Auf meinem Weg zu mehr Selbstfürsorge habe ich an manchen Tagen Julians Tod durchaus benutzt, um mir diese Auszeit zu nehmen, die ich gerade brauchte – obwohl es mit der Trauer um ihn eigentlich schon gar nicht mehr so schlimm war. Heute versuche ich, mir diese liebevollen Auszeiten auch ohne Ausrede, sooft es geht, zu erlauben. Das empfinde ich als sehr wertvoll in einer Gesellschaft, in der die meisten ständig versuchen, möglichst fröhlich und gut drauf zu sein, in der es darum geht zu funktionieren – auch in der Freizeit. Ich möchte da nicht mehr mitmachen. Ich bin nicht durchgängig fröhlich, war es noch nie und werde es vermutlich nie sein. Wobei, wer weiß, vielleicht ist auch das einer dieser Gedanken, die gar nicht wahr sind?

So gibt es vieles, wofür ich meiner Trauer dankbar bin. Sie hat mich gelehrt, dass es okay ist, wirklich alle Gefühle zu fühlen, und mir dafür auch die nötige Zeit zu nehmen. Das tue ich heute noch, auch wenn es nicht mehr so sehr um meine Trauer um Julian geht. Das Leben geht weiter und hält auch weiterhin nicht bloß strahlend schöne Tage für mich bereit. Wenn mir danach ist, ziehe ich mich jederzeit wieder aus der schnellen Welt zurück. Ich bin dankbar, dass ich mir das heute erlauben kann, ohne mich zu fragen, was wohl die anderen von mir denken.

Das wohl größte Geschenk meiner Trauer ist die Zeit. Ich durfte lernen, sie ganz anders wertzuschätzen. Ich habe durch Julians plötzlichen Tod gelernt, dass alles endlich ist und jeder Moment damit unglaublich kostbar. Im nächsten Moment schon könnte alles vorbei sein, was ich jetzt noch für selbstverständlich halte. Ich habe gelernt, mehr im Hier und Jetzt anzukommen. Es ist das Einzige, was wir haben. Wir können von diesem Moment aus in die Vergangenheit blicken und uns erinnern und wir können in die Zukunft träumen. Leben können wir immer nur im Hier und Jetzt.

Genau dort können wir uns immer wieder die Zeit nehmen, die wir gerade brauchen. Meine Trauer hat mich gelehrt, innezuhalten, dem Drang zu widerstehen, ständig etwas tun zu müssen. Und siehe da: Meistens geschieht gar nichts, wenn ich gewisse Dinge auf später verschiebe, weil ich mich im Hier und Jetzt um mich kümmere. Entgegen meiner Erwartungen ist die Welt kein einziges Mal untergegangen. Ich möchte das hier in keiner Weise ins Lächerliche ziehen, denn es ist wirklich so: Früher dachte ich, wenn ich nicht immer zumindest versuche, all das zu schaffen, was ich dachte erledigen zu müssen, würde tatsächlich sowas wie ein Weltuntergang geschehen. Es gab für mich gar keine andere Wahl und ich setzte mich selbst oft sehr unter

Druck. Dadurch, dass meine Trauer mich geradezu aus dem Leben herauskatapultiert hat und mich in meiner endlosen Erschöpfung immer wieder dazu zwang, nichts zu tun, lernte ich, dass es einfach auch okay ist. Ich lernte, mir wirklich Zeit für mich, meine Gefühle und Bedürfnisse zu nehmen – etwas, das in unserer Welt viel zu oft auf später verschoben wird.

Meine Trauer beschenkte mich mit einem Recht auf Traurigkeit. Ich erfuhr durch sie, wie heilsam es sein kann, sich diese scheinbar negativen Gefühle einfach zu erlauben, statt sie immer unter großem Kraftaufwand wegzuschieben. Manchmal träume ich davon, wie alle Menschen gleichzeitig diesen Widerstand dagegen aufgeben. Wie viel Kraft dadurch auf einmal freigesetzt werden würde! Was könnten wir mit dieser frei gewordenen Energie alles bewirken!

Die Trauer hat mich gelehrt, das Urteilen aufzugeben. Urteilen über meine eigenen Gefühle und die von anderen.

Weitere große Geschenke meiner Trauer sind Dankbarkeit und Demut, die ich so vorher ebenfalls nicht kannte in meinem Leben. Ich habe gelernt, mich selbst und die anderen auf ganz neue Art wertzuschätzen. Meine Trauer hat mich gelehrt, tiefer zu schauen, hinter die Dinge zu blicken und bestehende Konstrukte zu hinterfragen. Sie hat mich begleitet auf diesem Weg, der für mich auch die Auflösung alter Glaubenssätze bedeutete und mich einlud, meine Welt neu und anders zu gestalten. Meine Trauer hat mich gelehrt, ehrlicher zu sein und auf eine Art echter als zuvor. Sie hat mir gezeigt, was für mich wirklich wichtig ist, und mich daran erinnert, dass das Glück vor allem in den kleinen Dingen, im Alltäglichen wohnt.

Dank meiner Trauer weiß ich, dass scheinbar gegensätzliche Gefühle gleichzeitig da sein können.

Dank meiner Trauer weiß ich, dass scheinbar gegensätzliche Gefühle gleichzeitig da sein können. Über das Fühlen hat sie mir dazu verholfen, neu und anders in meinem eigenen Körper zu Hause zu sein und aus dieser Erdung heraus meine Wahrnehmung für die Welt und das, was wir mit unseren Augen nicht sehen können, zu erweitern. Meine Trauer hat mich die Liebe auf neue Art und Weise gelehrt. Bedingungslose, freie, allumfassende Liebe.

Für all diese Lehren bin ich meiner Trauer unendlich dankbar. Auch deshalb bezeichne ich sie als gute Freundin. Sie hat mich nicht unbedingt den leichten Weg gehen lassen, ich habe sie oft nicht haben wollen und hätte sie sicherlich nicht von Anfang an als Freundin bezeichnet. Aber sie hat nicht aufgegeben und mir den Weg durch all den Schmerz hindurch gezeigt – hin zu einem erfüllteren Leben. Sie hat mir geholfen, all die Geschenke, die sie mir zu geben hatte, zu sehen und dankbar anzunehmen.

Was sind die Geschenke, die deine Trauer dir gemacht hat? Wie nimmst du deine Trauer heute wahr? Kannst du sie dir als Freundin, als liebevolle Begleiterin an deiner Seite vorstellen? Wie sieht sie vor deinem inneren Auge aus? Welches Gefühl verbindest du heute mit ihr? Was kannst du heute für sie tun, um eure Freundschaft zu stärken? Wenn Freundschaft für dich als Begriff, als Idee nicht passend sein sollte, wie würdest du es dann beschreiben? In welcher Beziehung stehst du zu deiner Trauer?

Ich öffne mein Herz – immer wieder aufs Neue

Nach Julians Tod war es eine meiner größten Ängste, dass ich verbittern und mich dauerhaft vor der Welt verschließen würde. Zeitweise war ich einfach so wütend, so enttäuscht, so verzweifelt und auch so verletzt. Von seinem Tod, aber auch von den Reaktionen der Menschen in meinem Umfeld und von meinem Gefühl, in meiner Trauer nicht akzeptiert zu werden. Auf eine gewisse Art wäre es verständlich und sogar naheliegend, nach einem schweren Verlust das eigene Herz zu verschließen. Wenn wir nicht mehr so sehr lieben, kann es auch nicht mehr so schrecklich wehtun. Aber das ist nicht das, was unser Herz, was unsere Trauer möchte.

Die Trauer möchte, dass die Liebe fließen kann. Wie sollen wir den Verstorbenen weiter lieben und somit in dieser Verbundenheit bleiben, wenn wir unser Herz ganz verschließen?

Es ist wahr, wir können wieder verletzt werden. Es gibt keine Garantie, dass uns das nie wieder geschehen wird. Es gibt keine Garantie, dass wir ab sofort vor Verlusten sicher sind. Es kann diese Sicherheit gar nicht geben, obwohl wir uns das manchmal so sehr wünschen. Nach all dem Schmerz wäre es doch nur angebracht, wenn ab sofort in unserem Leben nur noch gute Dinge geschehen würden. Wenn uns jemand diese Garantie geben würde, dann könnten wir unser Herz auch wieder öffnen und uns trauen zu lieben. Doch so funktioniert das Leben nicht. Es gibt keine Sicherheit. Jede Sicherheit, die wir uns bauen, ist eine Illusion. Das hat uns gerade der Tod erst beigebracht. Menschen sterben, verlassen uns, Pläne müssen aufgegeben werden, Träume zerplatzen wie Seifenblasen vor unseren Augen.

Die Trauer möchte, dass die Liebe fließen kann.

Aber wollen wir deshalb aufhören zu lieben? Ist es das wert? Hätten wir uns gegen die Zeit mit unserem lieben Verstorbenen entschieden, wenn uns am Anfang jemand gesagt hätte, dass sie so schmerzhaft enden würde? Geht es nicht vielmehr darum, das Leben jetzt zu leben? Hat uns nicht auch das der Tod so sehr vor Augen geführt? Dass es nicht darum geht, Dinge auf später zu verschieben, weil es eben kein Später mehr geben könnte? Haben wir nicht durch diese Erfahrung auch gelernt, dass bei allem Schmerz und allem Leid etwas in uns immer ganz bleibt?

Tief im Innern gibt es diesen unverletzlichen Kern. Und hat nicht zugleich gerade diese große, schwere Trauer uns auch gezeigt, wie sehr wir fähig sind zu lieben?
Es ist die Trauer selbst, die uns dazu auffordern möchte, unser Herz weiter zu öffnen. Sie möchte den Schmerz wandeln, die Liebe bewahren und uns dafür bereit machen, wieder neu ins Leben zu gehen.

Verbunden über den Tod hinaus

Bisher haben wir uns vor allem mit der Trauer beschäftigt, uns ihr liebevoll angenähert und sie für uns zu einer wertvollen und wichtigen Begleiterin werden lassen. Wir haben uns auch damit beschäftigt, wie wir die Erinnerung an den Verstorbenen bewahren können. Jetzt möchte ich mit dir noch einen Schritt weiter gehen. Denn es geht nicht bloß darum, uns zu erinnern an das, was einmal war, es geht ebenso darum, im Hier und Jetzt weiter verbunden zu sein. Gemeinsam mit dir möchte ich erkunden, wie eure Beziehung zueinander über den Tod hinaus lebendig gehalten werden kann. Die Trauer möchte genau das: Die Liebe zum Verstorbenen weiter fließen lassen und die Beziehung neu gestalten. Doch wie soll das aussehen? Wie kann das gehen, schließlich ist er doch tot und eben nicht mehr als Mensch in unserem Leben? Wie also soll ich nun eine Beziehung zu ihm gestalten? Und muss ich dafür unbedingt an ein Leben nach dem Tod glauben?

Bleibende Verbindungen

Lange Zeit herrschte in der Psychologie und Trauerforschung die Meinung vor, Trauer sei dazu da, die Beziehung zum Verstorbenen zu beenden, alle Gefühle aus dieser Verbindung zu lösen und so ohne den Verstorbenen wieder nach vorne in ein neues Leben zu schauen. Viele Trauernde haben deshalb eine eher negative Beziehung zu diesem viel verwendeten und oft missverstandenen Begriff »Loslassen«. Loslassen wurde über lange Zeit fast als Vergessen verstanden, als Aufforderung, die Verbindung zum Verstorbenen zu trennen und ihn so hinter sich zu lassen. Glücklicherweise hat sich diese Sicht in den vergangenen Jahren geändert.

In der Psychologie und Trauerbegleitung spricht man heute von »bleibenden Verbindungen«, die als gesund und erstrebenswert gelten. Es ist eine Form der tiefen inneren Verbindung, die im Laufe des Trauerprozesses langsam die zuvor vorhandene äußere Verbindung ersetzt. Leider stößt es noch immer häufig auf Unverständnis, wenn Hinterbliebene lange Zeit zum Beispiel kaum etwas im Zimmer des Verstorbenen verändern, wenn sie »zu viel« von ihm sprechen oder sich ihr Leben nach wie vor noch sehr an dem Verstorbenen ausrichtet. Dabei ist es das, was die Trauer möchte: in Verbindung bleiben. Alles, was hierbei hilft, ist erlaubt. Und manchmal sind es eben zunächst die äußeren, greifbaren Dinge, um diese Verbindung sichtbar zu machen. Wichtig ist immer nur die eine Frage: Wie fühlst du dich mit dem, was du tust? Wenn es dir hilfreich erscheint, behalte es bei, solange bis du merkst, dass du es ändern möchtest.

Vielleicht glaubst du nicht daran, dass es auf seelischer oder geistiger Ebene nach dem Tod weitergeht. Dann fühlt sich diese Idee, dass es weiterhin eine Verbindung geben könnte, womöglich seltsam oder sogar falsch an. Aber das eine hat mit dem anderen nicht unbedingt etwas zu tun. In den psychologischen Ansätzen zur Trauer, die von dieser bleibenden Verbindung sprechen, wird ebenfalls nicht zwingend von einem Leben nach dem Tod ausgegangen. Der Verstorbene wird hier als eine Art innerer Anteil gesehen. Er ist zwar nicht mehr als Mensch an unserer Seite, hat aber doch etwas in uns hinterlassen. Damit können wir in lebendiger Verbindung bleiben.

Ich persönlich glaube daran, dass nach diesem einen Leben auf dieser Welt nicht alles vorbei ist, und lasse mein Verständnis davon hier mit einfließen. Auf meinem eigenen Weg hat mir das Erfahren und Aufspüren einer für mich stimmigen Form der Spiritualität sehr geholfen. Julians Tod war wie ein Einstieg in eine neue Welt, in der ich nun immer mehr zu Hause bin. Gleichzeitig stehe ich mit beiden Beinen als Mensch in dieser Welt. Auch das war ein Prozess, der für mich dazugehörte. Das Weiterleben nach dem Tod ist ein Thema, das zu allen Zeiten und überall auf der Welt die Menschen beschäftigte. Schließlich wollen wir doch wissen, wo unser geliebter Verstorbener nun ist, ob er noch irgendwo ist. Jede Religion hat eine Antwort darauf. Naturvölker gehen ganz selbstverständlich davon aus, dass etwas in uns unsterblich ist und wir auch weiter damit in Verbindung bleiben können. Über die Erforschung von Nahtoderfahrungen und die Begleitung Sterbender hat die Frage, was nach dem Tod geschieht, Einzug in unsere moderne Wissenschaft gehalten. Wenn du mit den spirituellen Überlegungen in diesem Kapitel nichts oder nur wenig anfangen kannst, dann lade ich dich ein, sie einfach zur Seite zu legen und zu erforschen, wie für dich auch ohne diese Aspekte die bleibende Verbindung zu deinem Verstorbenen aussehen kann.

Bevor du weiterliest, halte noch einmal einen Moment inne. Sitzt du an einem bequemen Platz, wo du in den nächsten Minuten nicht gestört wirst? Dann mach es dir noch ein bisschen bequemer, kuschel dich vielleicht in eine Decke und schließe die Augen. Nimm ein paar ganz bewusste Atemzüge. Lass deinen Atem ganz weich durch deinen Körper fließen und lass dich ein Stück tiefer in deinen Körper sinken. Atme und nimm wahr. Nimm wahr, wie du jetzt gerade da bist. Atme weich und spüre ganz behutsam in die Verbindung zu deinem Verstorbenen. Wo in dir kannst du ihn gerade spüren? Auf welche Art ist er jetzt präsent in dir? Wie fühlt sich eure Verbindung an? Vielleicht wie ein zartes Band, eine dünne Schnur? Oder eher wie etwas Festes, ein dickes Seil viel-

leicht? Und wie fühlst du den Verstorbenen? Ist er ganz nah oder eher weit entfernt? Ist er in dir oder an einem ganz anderen Ort? Oder womöglich beides? Spüre in dich hinein und erforsche diese Verbindung zu ihm. Ganz behutsam und weich. Versuche nichts zu verändern, nur zu erfahren, wie es jetzt gerade ist. Und wenn die Gefühle kommen, dann lass sie da sein. Wenn du heute keine Verbindung spüren kannst, dann ist das auch okay. Das heißt nicht, dass sie nicht da ist. Atme ganz weich und lass dich auf das ein, was jetzt gerade da ist. Bleibe so lange in dieser Verbindung, wie es sich für dich stimmig anfühlt. Dann nimm ein paar vertiefte Atemzüge, lass ganz langsam die Bewegung wieder in deinen Körper kommen und öffne in deinem Tempo wieder die Augen.

Ich spüre weiter deine Nähe – werde ich nun verrückt?

Einer der wichtigsten Begleiter in meiner Zeit der Trauer war von Anfang an Julian selbst. Er hat mir immer wieder die Hand gereicht, auf ganz unterschiedliche Art und Weise. Und ich habe seine Nähe immer wieder angezweifelt, aus Angst, womöglich verrückt zu werden. Vor seinem Tod hatte ich jeglichen Glauben an eine Existenz über den Tod hinaus sowie die Möglichkeit, weiter in Kontakt zu treten, für eine Illusion gehalten. Eine Illusion, die womöglich Trost spenden und Menschen in Trauer helfen kann, aber eben trotzdem nichts Reales ist. Und plötzlich fand ich mich mitten in dieser Illusion wieder und merkte, dass sie sich überraschend real anfühlte.

Am Tag nach Julians Tod in Nepal konnte ich mich noch einmal von seinem Körper verabschieden. Es war der wohl bewegendste Moment meines Lebens. Als ich ihn dort liegen sah, wusste ich sofort, dass dieser Körper nur seine Hülle gewesen war, dass es etwas gab, das darin gewohnt hatte und das nun dabei war auszuziehen. Es gab keinen rationalen Gedanken dazu in diesem Moment, nur diese klare Gewissheit tief in mir. Ich begegnete Julians Essenz von Seele zu Seele und erfuhr, wie er mir die nötige Kraft schenkte, die ich brauchte, um noch am gleichen Abend seinen Körper in einem buddhistischen Kloster zu verbrennen. Unsere Seelen begegneten einander in einem bewegenden Abschiedsmoment, den es aufgrund seines plötzlichen Todes zuvor nicht hatte geben können. Ich erlebte viele ähnlich magische Momente in diesen Tagen. In einem Land wie Nepal, in dem mir an jeder Ecke eine gelebte Form der Spiritualität entgegenkam, hinterfragte sie niemand. Auch ich nicht. Auf eine gewisse Art war inmitten dieser großen Tragödie alles klar. Meine Sicht auf die Welt wurde in dieser Zeit komplett auf den Kopf gestellt. Während ich in Nepal war, erlebte ich es als wohltuend. Die Zweifel kamen erst, als ich wieder in Deutschland war, in dieser Welt, in der Spiritualität belächelt wird und keinen Platz zu haben scheint.

Es sind große Fragen, die uns nach dem Tod eines lieben Menschen beschäftigen: Wo gehen wir hin, wo ist unser lieber Verstorbener jetzt? Ist er einfach verschwunden, ist er nur noch diese leblose Hülle, die da auf dem Friedhof beerdigt liegt? Oder gibt es doch etwas, das bleibt? Und wenn ja, wo ist es dann? Wie geht es ihm dort, wie kann ich mir sein Leben in dieser anderen Welt nun vorstellen? Was ist richtig, was ist falsch? Ist es bloß meine Hoffnung, mein Sehnen nach ein klein wenig Trost in all dieser Trostlosigkeit, die mich glauben lässt, er sei noch da? Oder ist es mehr als das? Wem kann ich mit all diesen Fragen vertrauen?

Mein Verstand ist in dieser Zeit immer wieder förmlich durchgedreht. Ich wollte es verstehen, wollte begreifen, was da wirklich geschehen war, hatte Angst, etwas zu glauben, das womöglich doch nur eine Illusion sein könnte. Bis ich irgendwann entschied, mit diesen Gedanken aufzuhören. Ich realisierte, dass ich keine endgültigen, felsenfesten Beweise für sein Weiterexistieren erhalten würde – und auch nicht dagegen. Nicht so, wie mein Verstand sie sich wünschte. Ich realisierte, dass ich in diesem Leben unmöglich alles, was geschieht, wirklich würde erfassen können. Ich hatte die Wahl, meinem eigenen Empfinden zu glauben oder eben nicht. Letztendlich würde ich es erst nach meinem eigenen Tod erfahren. Wenn es dann nichts geben sollte, würde ich es auch nicht mehr merken. Sollte es tatsächlich ein Wiedersehen geben, so wie ich es mir jetzt vorstellte, könnte ich es einfach genießen. Und jetzt, im Leben, ging es mir ganz einfach besser damit, mir zu erlauben, meiner eigenen Wahrnehmung zu glauben – unabhängig von Beweisen im Außen.

Ich hatte die Wahl, meinem eigenen Empfinden zu glauben oder eben nicht.

Im Laufe der Zeit konnte ich durch meine eigenen Erfahrungen und die Geschichten anderer meine eigene Wahrheit bilden, der ich vertrauen kann. Aber es ist natürlich keine starre, feste Wahrheit. Schließlich weiß ich nicht, was ich morgen wieder Neues erfahren werde, welcher Aspekt des großen Ganzen mir bisher verborgen blieb.

Und so möchte ich auch dich einladen, deine eigene Wahrheit zu suchen und dabei deine Wahrnehmung und Gefühle als Kompass zu benutzen. Prüfe alles, was ich hier schreibe und andere dir sagen, auf diese Art und nimm nur das an, was sich für dich heute wahr und stimmig anfühlt. Alles andere kannst du getrost zur Seite legen. Vielleicht begegnet es dir später noch einmal und zeigt sich dir dann als wahr, vielleicht auch nicht.

Wie ist das für dich? Spürst du die Nähe zu deinem lieben Verstorbenen? Wie fühlt sich das an? In welchen Momenten begegnet er dir? Im Traum? In der Natur? In der Stille? Oder vielleicht mitten im Alltag, dann wenn du gerade gar nicht damit rechnest?

Zeichen auf dem Weg

Aus Angst, von anderen für verrückt erklärt zu werden, trauen wir uns häufig kaum, über diese Erfahrungen zu sprechen. Nur um dann zu erleben, wie dankbar alle anderen sind, wenn einer von uns damit beginnt und wir so endlich auch diese Geschichten teilen können.

Geschichten von einem Schmetterling, der sich an der Beerdigung direkt auf dem Sarg niederlässt und dort die gesamte Rede lang verweilt. Geschichten vom Wetter, das sich völlig entgegen der Wettervorhersage in ganz bestimmten Situationen genau passend zeigt. Geschichten von Antworten, die auf ganz kreative Weise zu uns gelangen. Sei es über ein Lied, das scheinbar zufällig genau im richtigen Moment im Radio läuft, über eine Wolke, die sich als Gesicht, als Herz, als Engel zeigt, oder über Texte an Hauswänden oder auf Plakaten, die genau im entscheidenden Moment in unser Blickfeld geraten und die Antwort auf unsere Frage beinhalten. Geschichten von elektrischen Geräten, die scheinbar völlig verrückt spielen oder nacheinander einfach kaputtgehen. Geschichten von Träumen, die uns so klar in Erinnerung bleiben, dass sie uns eher wie ein Treffen in einer anderen Dimension erscheinen als wie ein gewöhnlicher Traum. Geschichten vom Geruch des Verstorbenen, der wie aus dem Nichts in unserer Nase auftaucht. Geschichten von plötzlicher Kälte im Raum, einer Berührung an der Wange, Begegnungen mit Tieren, Federn auf dem Weg, Herzen, wo auch immer wir hinsehen, Kerzen, die flackern, obwohl kein Lufthauch sie dazu bringen könnte.

Es sind Geschichten, die wir als Zufall abtun könnten. Und doch wissen wir, dass nicht alle diese Geschichten in ihrer Gesamtheit Zufall sein können. Es sind zu viele, um sie einfach zu ignorieren. Für mich ist es so, dass ich tief in mir spüre, wenn mir etwas begegnet, das mir als Nachricht dienen soll. Ich kann das nicht in Worte fassen, weil es ein Gefühl in meinem Körper ist. Es fühlt sich ein bisschen so an, als würde die Zeit kurz stehenbleiben und jemand sanft meine Aufmerksamkeit genau auf dieses eine Zeichen richten, während alles andere um mich herum in den Hintergrund tritt. Vielleicht ist es bei dir ganz anders. Jeder von uns nimmt anders wahr. Vielleicht bist du eher auditiv veranlagt, vielleicht nimmst du visuell, fühlend oder körperlich wahr. Ich möchte dir nicht erklären, wie es genau geht, sondern dich mit meinen Worten inspirieren, auch bei dir genau hinzuspüren. Wie fühlt es sich an, wenn du diese Zeichen erhältst?

Es kann natürlich auch sein, dass dir keine dieser Zeichen begegnen. Viele Trauernde wünschen sich so sehr etwas von ihrem Verstorbenen, ohne etwas zu bekommen. Womöglich schmerzt es dich, diese Geschichten immer wieder von anderen zu hören. Vielleicht fragst du dich, was du falsch machst, warum ausgerechnet dein lieber Verstorbener nicht mit dir in Kontakt tritt. Auf diese Frage gibt es keine Antwort, weil niemand weiß, wie all das wirklich funktioniert. Mein Gefühl ist, dass es darum geht, offen und empfangsbereit zu sein, und es womöglich weder funktioniert, wenn wir es gar nicht wollen, noch wenn wir es ganz unbedingt wollen. Doch das ist eine schwierige Aussage, schließlich kann niemand einfach ausschalten, diese Zeichen sehen zu wollen. Es scheint irgendwelche Gründe zu geben, warum sie für manche von uns da sind und für andere nicht. Ich bin mir jedoch sicher, dass es nicht daran liegt, dass ausgerechnet dein lieber Verstorbener keine Lust hat, sich zu melden. Ich glaube, so etwas gibt es dort, wo sie jetzt sind, gar nicht. Ich glaube, dass sie womöglich immer um uns sind oder zumindest sein können. Raum und Zeit existieren für sie nicht mehr so, wie wir es hier kennen. Und zugleich – wer weiß, wie es dort ist. Im Grunde wissen wir nichts. Wer weiß, was sie auf der anderen Seite erwartet und welche Gründe es gibt, dass manche Verstor-

benen sich schon bald nach ihrem Tod »melden« und andere erst viele Jahre später oder gar nicht. Vielleicht gibt es dort auch so etwas wie Aufgaben, die für die eine oder andere Seele zuerst erledigt werden müssen. Vielleicht ist es auch gar nicht so leicht, ein Zeichen zu senden, und ein Verstorbener hat ein Talent dafür, ein anderer nicht und muss es erst üben? Vielleicht müssen sich beide Seiten in dieser Ebene aufeinander einschwingen und es funktioniert einfach nicht immer sofort. Oder es ist noch einmal ganz anders. Wir wissen es einfach nicht. Vielleicht können wir versuchen, auch dieses Nicht-Wissen zu umarmen.
Ich empfinde es in gewisser Weise als befreiend, mir einzugestehen, dass ich gar nicht alles wissen und verstehen muss. Denn dann kann ich vertrauen, dass immer das zu mir kommen wird, was ich jetzt gerade wissen muss für meinen Weg.

Unterwegs auf einem neuen Weg

Die Konfrontation mit dem Tod wirft viele Fragen auf, die wir uns zuvor womöglich nie gestellt haben. Wir leben in Mitteleuropa in einer Kultur, die den Tod möglichst ausklammert, und gelebte Spiritualität ist nicht mehr ein selbstverständlicher Teil unseres Alltags. Das gilt sicher nicht für jeden und natürlich gibt es nach wie vor Kirchengemeinden und eine Vielfalt an weiteren Glaubensgemeinschaften. Doch im Allgemeinen ist unsere Welt sehr auf das Greifbare und Materielle ausgerichtet. Aber wo finden wir Halt, wenn im Außen alles zerbricht? Können wir uns an dem, was vergänglich ist, festhalten? Müssen wir dann nicht immer wieder dieses Leid erleben und greifen immer wieder ins Leere? Die Konfrontation mit dem Tod wirft häufig die Frage nach etwas Bleibendem auf, nach etwas, worauf wir uns wirklich verlassen können.

Viele Menschen erleben, dass sich mit dem Tod scheinbar eine Tür öffnet und ihnen Zugang gewährt zu einer anderen Welt, die nicht jenseits von unserer, sondern irgendwie in unserer Welt existiert. Der Verstorbene scheint so weit weg und so nah zugleich zu sein – wie auf der anderen Seite einer dünnen Wand, die wir zuvor vielleicht nie wahrgenommen haben.

Für viele beginnt mit dem Tod des geliebten Menschen deshalb eine spirituelle Suche, ein Weg, auf dem es viel Neues zu entdecken gibt. Dieser Weg wirft viele Fragen auf und bringt immer wieder Zweifel und Ängste in uns hoch. Dennoch kann er sehr bereichernd sein. Mich hat genau diese Entscheidung, mich auf mein spirituelles Erwachen, das sich mir nach Julians Tod eröffnete, einzulassen, letztendlich wirklich zu einem ganz tiefen Frieden mit seinem Tod gebracht. Zunächst habe ich diese Erfahrungen ganz für mich alleine gemacht und auf gewisse Art erforscht. Dann fing ich an, Bücher über Nahtoderfahrungen und ähnliche Berichte zu lesen. Schließlich stellte ich irgendwann fest, dass ich für diesen verwirrenden Weg Unterstützung von anderen Menschen benötigte, die Ähnliches erfahren. Menschen, die bereits einige Schritte weiter gegangen waren auf diesem Weg.

Doch an wen können wir uns dafür wenden? Immer wieder höre ich von Trauernden, dass sie sich Sorgen machen, auf diesem Weg an »die Falschen« zu geraten, an »Scharlatane«, die sich bloß bereichern wollen und die Verzweiflung und Suche der Trauernden ausnutzen. Ich hatte diese Angst auch. Im ersten Kapitel bin ich bereits kurz auf die Möglichkeit der Unterstützung durch mediale Kontakte zum Verstorbenen, spirituelle Energie- oder schamanische Heilarbeit eingegangen. Leider gibt es in diesen Bereichen Menschen, die dir Dinge verkaufen, die du nicht brauchst. Menschen, die womöglich gar nicht viel von dem verstehen, was sie dir verkaufen wollen. Die gibt es überall. Das Gute ist: Du wirst sie erkennen. Vor allem wirst du die

anderen erkennen, weil du dich bei ihnen wohlfühlen wirst. In den vergangenen Kapiteln haben wir uns sehr intensiv mit der Trauer und mit unseren Gefühlen auseinandergesetzt. Deine Trauer hilft dir dabei, dich selbst intensiver zu fühlen und immer feinere Antennen zu entwickeln. Du merkst ganz genau, wenn jemand dir nicht guttut. Vertraue auf dein Bauchgefühl. Wenn sich etwas komisch anfühlt, dann folge diesem Gefühl – vermutlich hat es recht. Ein vertrauenswürdiges Medium, eine spirituelle Heilerin oder ein sonstiger Helfer wird dich niemals von etwas überzeugen wollen. Er wird dir vermitteln, was er wahrnimmt, aber er wird es nicht als die einzige Wahrheit und die alleinige Möglichkeit, dich zu heilen, verkaufen. Er wird wissen, dass du im Grunde genommen nichts brauchst als dich selbst, um dich auf diesen Weg zu begeben.
Es gibt Dinge, die dich unterstützen können, doch es ist alles auch schon in dir vorhanden, um diesen Weg zu gehen. Niemand sollte versuchen, dich von etwas anderem zu überzeugen. Ich bin sicher, dass wir Menschen so viel mehr Fähigkeiten haben, als wir momentan leben. Alle von uns. Aus irgendeinem Grund haben wir uns entschieden, diese Sinne nicht einzusetzen und uns auf die anderen zu konzentrieren. Das heißt aber nicht, dass sie nicht mehr da sind. Diese vernachlässigten Sinne gehen uns nicht verloren, wir können sie wieder trainieren. Deshalb traue in erster Linie deiner eigenen Wahrnehmung. Andere Menschen können dich mit ihrer Erfahrung unterstützen und dir dabei helfen, deine Kräfte wieder zu entdecken und zu nutzen. Ich möchte dich wirklich ermutigen, auch über die spirituellen Erfahrungen und Aspekte deiner Trauer zu sprechen. Ich bin mir sicher, du wirst Menschen in deiner Gegend finden, vielleicht in Trauergruppen, vielleicht aber auch in Frauen- oder Männerkreisen, Gemeinden oder anderen Gruppen. Menschen, mit denen du auch über die Frage sprechen kannst, was nach

dem Tod geschieht und was das für dich und dein Leben bedeutet.
Auch die Natur ist ein wunderbarer Ort dafür. Wann bist du zuletzt ganz bewusst rausgegangen? Ohne Ziel, ohne Grund? Einfach nur, um in der Natur zu sein, voll und ganz? Wann hast du zuletzt die Grashalme am Wegesrand berührt, mit den Vögeln gesungen, den Wolken beim Ziehen zugesehen oder einen Baum umarmt? Auch in der Natur können wir unsere lieben Verstorbenen finden. Im Flüstern des Windes, im Rauschen des Flusses oder im bewegend schönen Sonnenuntergang.

Ich finde dich an einem sicheren Ort und weiß, du bist immer da

Die bleibende Verbindung zu deinem geliebten Verstorbenen ist unabhängig von dem, woran du glaubst, oder ob du Zeichen erhältst oder nicht. Es liegt lediglich an dir, herauszufinden, wohin die Verbindung nun geht. Wo findest du deinen geliebten Menschen? Findest du ihn in dir selbst, in deinem Herzen oder an einem anderen Ort in deinem Körper? Findest du ihn auf dem Friedhof, im Himmel, unsichtbar immer bei dir, wiedergeboren in einem neuen Körper?
Es ist die Liebe, die euch über den Tod hinaus verbindet. Sie darf und will weiter fließen. Es sind die geliebten Erinnerungen, die ihn jederzeit zu dir holen können. Es sind die Spuren, die er in deinem Herzen und in deinem Leben hinterlassen hat, die ihn durch dich lebendig halten.
Wo fühlst du dich dem Verstorbenen nahe, an welchen Orten kannst du ihm auch heute noch begegnen? Was fällt dir ein, was du dort tun könntest, um eure Beziehung weiterhin aufrechtzuerhalten?

Wenn es für dich passt, versuche einmal, an diesen Orten mit deinem lieben Verstorbenen zu kommunizieren. Vielleicht machst du das schon längst. Vielleicht hast du dich bereits gefragt, ob es normal oder doch ein bisschen verrückt ist, wenn du mit ihm sprichst. Dabei gibt es ganz unterschiedliche Arten der Kommunikation, so wie wir auch zu Lebzeiten unterschiedlich mit unseren Mitmenschen kommunizieren, verbal und nonverbal. Du kannst lauschen und auf Zeichen deines geliebten Verstorbenen achten. Du kannst aber auch aktiv in den Dialog treten. Vielleicht kennst du diese Situationen, in denen du innerlich einen kurzen Austausch mit deinem Verstorbenen erlebst. In Situationen, die ihr sonst gemeinsam erlebt habt oder in denen es darum geht, eine Entscheidung zu treffen. Manchmal geschieht es ganz automatisch. Im Grunde weißt du, was er antworten würde. Und die Antwort entsteht direkt in deinem Kopf. In anderen Situationen kommt sie nicht sofort. Vertraue dann darauf, dass sie kommen wird, wenn du deine Frage gestellt hast. Vielleicht magst du mit deinem Verstorbenen auch in einen schriftlichen Dialog treten oder immer wieder ganz bewusst etwas von dir erzählen. Vielleicht nur in deinen Gedanken, vielleicht auch laut. Nichts davon ist verrückt, es gehört lediglich zu einer bleibenden Beziehung. Und wenn es für dich unpassend ist, so direkt mit ihm zu reden, wo er doch nicht mehr da ist, dann werdet ihr eine andere Form der Kommunikation finden.

Wenn du magst, halte an dieser Stelle noch einmal inne. Vielleicht magst du dafür an einen dieser Orte gehen, an denen du dich mit deinem Verstorbenen gut verbunden fühlst. Einen Ort in der Natur oder einen Ort, der für euch beide wichtig ist. Gut wäre es, wenn dies ein ungestörter Ort wäre, zumindest für eine Weile. Nimm dir dort einen Moment ganz für dich und lass ihn zu einem Moment für euch beide werden. Mach es dir bequem und schließe die Augen. Nimm ein paar tiefe, weiche Atemzüge und lass dich in deinem Körper ankommen. Mit jedem Atemzug ein kleines Stückchen tiefer. Wenn du in der Natur bist, dann spüre ganz bewusst die Erde unter dir. Den Wind auf deiner Haut. Womöglich die Sonne in deinem Gesicht. Nimm die Geräusche um dich herum ganz bewusst wahr. Lausche. Öffne dein Herz. Vielleicht magst du eine Hand auf dein Herz legen und hineinspüren, wie es weiter wird. Und wenn du magst, lade nun deinen lieben Verstorbenen ein. Lade ihn ein, sich für einen Moment zu dir zu setzen. Vielleicht reist ihr auch gemeinsam an einen anderen Ort. Vielleicht siehst du ihn vor deinem inneren Auge. Vielleicht spürst du vielmehr seine Präsenz. Stelle deine Frage, wenn du eine hast. Oder lausche, was er dir sagen möchte. Vielleicht braucht es heute gar keine Worte in eurer Begegnung. Verweile so lange, wie es sich für euch stimmig anfühlt. Und dann verabschiedet euch, wissend, dass ihr euch hier immer wieder begegnen könnt. Komm langsam wieder in deinem Körper an. Nimm einige bewusste Atemzüge, tief in deinen Bauch. Spüre, wie dein Atem deinen Körper bewegt, und lass dann weitere Bewegung entstehen. Öffne in deinem Tempo die Augen und sei wieder ganz da. Vielleicht magst du dir noch etwas Zeit nehmen, dem Erlebten nachzuspüren. Vielleicht magst du aufschreiben, was du erlebt hast. In jedem Fall bedanke dich bei deinem Verstorbenen für diese Begegnung.

Du bist noch da – und trotzdem ist es scheiße, dass du weg bist

Nach all diesen Worten über die bleibende Verbindung und darüber, wie unsere Verstorbenen immer ganz nah sein können, möchte ich noch einmal Raum schaffen für die andere Seite. Denn es ist und darf trotzdem weiter scheiße bleiben, dass er nicht mehr hier ist. Entschuldige meine Wortwahl, aber es

möchte ja doch hin und wieder ganz ehrlich beim Namen genannt werden.
So sind unsere lieben Verstorbenen jederzeit da und nicht da zugleich. So schön diese bleibende Verbindung, diese neue Beziehung und all die möglichen Zeichen, Träume, Begegnungen und neuen Formen der Kommunikation auch sind: einfach ganz normal zusammen zu frühstücken, einkaufen zu gehen oder sinnlos vor dem Fernseher zu hängen ist nun nicht mehr möglich. Nie mehr. Und das bleibt scheiße inmitten all der schönen Erkenntnisse und allen Friedens. Es bringt nichts, so zu tun, als gäbe es diese Seite des Verlusts nicht mehr. Ich möchte nicht mit dir gemeinsam die rosarote Brille aufsetzen und nur noch die liebevolle, verbundene Seite betrachten. Denn es geht ja immer darum, alle Seiten da sein zu lassen. Erlaube dir also auch, diesen Aspekt nach wie vor zu spüren.
Nur weil du vielleicht im Laufe der Zeit ganz tolle Erkenntnisse erhalten hast und dir der bleibenden Verbundenheit und der Liebe zu deinem Verstorbenen immer sicherer wirst, heißt das nicht, dass du jetzt nicht mehr traurig sein darfst darüber, dass er so ganz real im Leben nicht mehr da ist. Bei allen spirituellen Erfahrungen bleiben wir auch immer Menschen. Als Menschen sind wir hier in diesem Leben auf dieser Erde und als Menschen sehnen wir uns nach der echten Begegnung mit anderen Menschen. Und eben auch nach dem Kontakt zu unseren geliebten Verstorbenen, mit denen diese Art des Kontakts nun nicht mehr möglich ist.
Der Tod hat diesen Menschen aus unserem gemeinsamen Leben herausgerissen. Wer weiß, wen er uns in Zukunft noch nehmen wird. Ist er nicht verantwortlich für unser ganzes Leid? Ohne ihn müssten wir gar nicht über diese Themen sprechen, müsstest du dieses Buch nicht lesen. Wenn es den Tod nicht gäbe, dann wäre doch alles so viel besser. Dann hätten wir unsere Lieben immer um uns und müssten keine Angst davor haben, dass

sie uns auf grausame Art genommen werden. Ist es da nicht normal, wenn wir den Tod verachten?

Was, wenn der Tod eigentlich ein lieber Kerl wäre?

Aber was, wenn der Tod uns eigentlich gar nichts Böses will? Was, wenn er womöglich ein ganz netter Kerl ist? Was, wenn er nicht das Gegenteil von Leben ist, sondern vielmehr ein Teil davon, bloß am anderen Ende als die Geburt? Vielleicht sogar auf eine Art sanfter als die Geburt, die etwas Traumatisches mit sich bringt. Mir zumindest kommt der Tod ein wenig leichter vor, mehr wie ein Weggleiten, während die Geburt uns doch ganz schön brutal in die Welt katapultiert, die auf einmal so grell und wenig geborgen erscheinen mag. Mitten heraus aus dieser Symbiose, in der wir uns bis dahin befinden, hinein in eine laute, kalte Welt. Hier im Leben erwarten uns Eltern, die für uns sorgen. Wer oder was erwartet uns wohl auf der anderen Seite des Todes? Ist es vielleicht sogar der Tod selbst, der uns liebevoll empfängt? Oder womöglich liebe Menschen, die bereits vor uns gegangen sind? Können wir uns auf ein Wiedersehen mit unserem geliebten Verstorbenen freuen?

Was wäre, wenn es den Tod nicht gäbe? Wie könnte dann Neues entstehen? Vielleicht ist es gerade dieses Werden und Vergehen, das Lebendigkeit ausmacht. Und der Tod erinnert uns immer wieder daran, was Leben eigentlich bedeutet. Er fordert uns auf, uns ganz hineinzubegeben in dieses Leben. Denn egal, was danach auch kommen mag: Dieses Leben, das wir jetzt führen, haben wir nur einmal. Was bleibt uns da anderes übrig, als es so zu leben, wie es uns geschenkt wurde, bis es uns wieder genommen wird? Wir kommen mit nichts und nehmen nichts mit, wenn wir gehen. Alles dazwischen ist ein Geschenk. Und nichts

davon ist selbstverständlich. Das haben wir auf schmerzhafte Art und Weise erfahren. Wie würden wir leben, wenn es den Tod nicht gäbe?
Doch warum nimmt der Tod manche von uns so unglaublich früh schon wieder mit sich und andere lässt er in Ruhe alt werden, bevor er sie holt? Wie entscheidet er darüber und warum hat er ausgerechnet bei unserem geliebten Verstorbenen entschieden, dass er jetzt schon »dran ist«? Wie nur können wir mitten in all der scheinbaren Ungerechtigkeit und Schwere damit unseren Frieden finden?
Es gibt so viele Erklärungsansätze und dann auch doch wieder keine Antwort. Manche sagen, wir kommen bereits mit einer vorherbestimmten Lebenszeit auf die Welt, die wir nicht beeinflussen können. Andere sind der Ansicht, unsere Seele habe den Plan vorab selbst erstellt, gewissermaßen einen »Seelenplan« für dieses Leben. Dann kommen wir hierher, um Erfahrungen zu machen und uns als Seele dadurch weiterzuentwickeln. Vielleicht gehört es in diesem Leben dazu, die Erfahrung zu machen, zum jetzigen Zeitpunkt diesen Verlust zu erleben. Wozu wir diese Erfahrung benötigen, das erfahren wir womöglich erst nach unserem eigenen Tod. Wieder andere sagen, wir verabreden uns als Seelen, bevor wir hierherkommen. Schließlich gibt es auch die Vorstellung, Gott habe einen Plan und wir dürfen vertrauen, dass alles für etwas gut ist, dürfen uns vertrauensvoll in seine Hände begeben, auch wenn wir nicht verstehen, warum uns dieses Schicksal widerfährt. Oder dass alles durch unser Karma bestimmt wird, ein Prinzip von Ursache und Wirkung, das sich durch das ganze Universum zieht.

> Der Tod erinnert uns immer wieder daran, was Leben eigentlich bedeutet.

Ich habe mir immer vorgestellt, wie ich nach meinem eigenen Tod Gott oder wem auch immer begegnen werde und dann endlich alle Antworten auf meine Fragen erhalte. Doch auch hier: Ich weiß nicht, ob das jemals der Fall sein wird. Nichtwissen. Immer wieder.

Für mich wurde der Umgang mit dem Tod leichter, als ich mich darauf einließ, über die Begrenzung dieses einen Lebens hinauszuschauen. Nur auf dieses eine aktuelle Leben bezogen, bleibt Julians Tod schrecklich. Auch wenn sein Tod in meinem Leben letztendlich positive Veränderungen angestoßen hat: Wenn es nichts sonst gibt, dann ist es unbegreiflich, dass er hier nur eine so kurze Zeit verweilen durfte. Dann gibt es für mich weder Gerechtigkeit noch Sinn noch irgendeine Versöhnung mit dem Tod. Wenn ich jedoch meinen Geist weite, wenn ich aus diesem Leben hier »herauszoome« und das größere Ganze wahrnehme, das ich zugleich nicht vollständig erfassen kann, dann beruhigt sich etwas in mir. Ich weiß nicht, wie genau das alles zusammenhängt. Doch das muss ich auch nicht wissen. Wenn es mehr gibt als dieses Leben, dann ist durch den Tod gar nicht allzu viel passiert. Nur ein Wechsel, ein Weiterziehen, das Ende einer Erfahrung in diesem Leben eben. Wer weiß, wie lange wir den geliebten Verstorbenen in Wahrheit schon kennen, durch wie viele Leben wir bereits gemeinsam in verschiedenen Formen der Beziehungen gegangen sind. Wer weiß, wann wir uns wiedersehen. Wer weiß, aus welchem Grund wir uns für dieses Leben zu genau dieser Erfahrung verabredet haben. Wer kann dann beurteilen, dass es schrecklich für ihn war, jetzt bereits zu sterben? Vielleicht ist er nun an einem viel schöneren Ort, vielleicht ist er einfach dort, wo er gerade sein soll, ganz ohne Bewertung.

Auch wenn du nicht an ein Weiterexistieren nach diesem Leben glaubst, so kann der Tod eines lieben Menschen dennoch ein Anstoß dafür sein, dein eigenes Leben neu auszurichten, es mehr wertzuschätzen und die Prioritäten neu zu setzen. Denn der Tod fragt uns, was wirklich wichtig ist im Leben, er fordert uns auf, nichts als selbstverständlich zu nehmen. Es bleibt trau-

rig, dass der Verstorbene all das hier nicht mehr erleben kann, und zugleich darf etwas Positives für unser Leben durch die Begegnung mit dem Tod entstehen.
So ist der Tod ein Teil des großen Ganzen, das so schwer zu erfassen ist mit unserer eingeschränkten Sicht hier auf der Erde. Nicht mehr und nicht weniger. Weder gut noch böse. Der Tod ist einfach. So wie die Liebe.

Meine Liebe zu dir wird bedingungslos und frei

Trauer ist Liebe und die Liebe darf bleiben. Sie darf und wird sich wandeln. Zu Lebzeiten deines Verstorbenen basierte eure Liebe darauf, dass ihr euch immer wieder gesehen habt, dass ihr einander sagen oder zeigen konntet, wie gern ihr euch habt. Vielleicht habt ihr es nicht einmal Liebe genannt, je nachdem, in welchem Verhältnis ihr zueinander standet. Der Begriff »Liebe« wird häufig nur für Paarbeziehungen verwendet, dabei ist sie so viel mehr, so viel größer, als dass wir sie so beschränken und einsperren sollten. Manchmal möchte ich einen neuen Begriff verwenden, um mich von dem, was Hollywood aus der Liebe gemacht hat, abzugrenzen. Und doch ist es der einzige Begriff, der mir dafür einfällt. Die Liebe ist in allem, auch und gerade im tiefsten Schmerz der Trennung von unseren lieben Menschen.
Nun ist dieser Mensch tot und die Liebe fließt weiter. Für mich hat sich das am Anfang sehr verwirrend angefühlt. Ich hatte das Gefühl, meine Liebe läuft irgendwo ins Leere, da Julian nicht mehr da war. Mithilfe meiner Trauer durfte ich feststellen, dass sie weiterhin zu ihm fließen kann, auch wenn er nicht mehr als Person in meinem Leben ist. Heute liebe ich ihn nicht mehr als den Menschen, der er einmal war. Ich liebe ihn nicht mehr als

Partner an meiner Seite, denn das ist er ja auch nicht mehr. Meine Liebe ist bedingungslos geworden. Welche Bedingungen sollte sie auch heute noch haben? Welche Bedingungen sollte ich von Julian erwarten, die er erfüllen muss, damit ich ihm meine Liebe gebe? Es gibt keine. Und meine Liebe fließt. Es ist mehr eine Liebe von Seele zu Seele geworden, bei der ich als Mensch keine so große Rolle mehr spiele. Meine Seele liebt seine Seele, dort wo sie jetzt ist. In meiner Vorstellung macht er dort nun die Erfahrungen, die es an diesem Punkt für ihn zu machen gilt, und ich gehe hier auf der Erde weiter meinem Leben nach. Unabhängig und frei und zugleich immer verbunden.

Zu Beginn der Trauer fühlt es sich oft so an, als sei ein Teil von uns mit dem Verstorbenen gegangen, als sei dieser Teil gewissermaßen mit in diese andere Welt, in diese andere Dimension verschwunden. Dieser Teil darf nun wieder zurückkehren. Oft geschieht das ganz von alleine, manchmal bedarf es dabei auch einer Unterstützung von außen. Dieser Teil unserer Seele muss nun nicht mehr die Verbindung aufrechterhalten. Wir wissen, dass wir über ein unsichtbares Band immer mit dem Verstorbenen verbunden sein werden. Nun dürfen wir wieder ganz werden und ganz hier sein. Zwei eigenständige Seelen, die immer in Liebe verbunden bleiben. Der Verstorbene bleibt ein Teil von uns, er wohnt in unserem Herzen und bleibt ein Teil unserer Erfahrung hier auf der Erde. Und doch behalten wir ihn dadurch nicht hier, wir müssen nichts von ihm zurückhalten.

Nach all der Zeit habe ich nun verstanden, dass es das ist, was mit dem so häufig missverstandenen »Loslassen« gemeint ist. Kein Vergessen des Verstorbenen, kein Beenden der Liebe oder der Beziehung. Es ist vielmehr ein behutsames Freigeben in dem Wissen, dass er dort, wo er jetzt ist, gut aufgehoben ist, und in dem Vertrauen, dass unsere Verbundenheit immer bestehen bleibt. Er wird immer ein Teil meines Lebens bleiben und ich werde ihn niemals vergessen. Trotzdem kann es hin und wieder einmal wehtun, dass er nicht mehr in der Art wie früher Teil meines Lebens ist. Aber im Grunde ist es okay so, wie es ist. Eine gewisse Wehmut und ein sanftes Vermissen bleiben. Ich weiß, es geht ihm gut, und so darf es auch mir in diesem Leben wieder gut gehen. Weil wir zu jeder Zeit verbunden sind, kann sich auch die Trauer aus meinem Leben zurückziehen – war es doch ihre Aufgabe, diese Verbindung zunächst aufrechtzuerhalten. Aus dieser tiefen Verbindung heraus kann ich neue Schritte in mein eigenes Leben gehen. Mit offenem Herzen, weil ich weiß, dass die Liebe niemals genommen werden kann, egal, was geschieht.

Mein neues Leben

Ein neues Leben, das erlebst du jetzt vermutlich wirklich. Vieles ist nicht mehr so, wie es einmal war – im Außen wie im Innen. Mit dem Tod dieses geliebten Menschen hat eine neue Zeitrechnung begonnen. Du bist bereits einen langen Weg gegangen und vielleicht fühlst du dich wie auf einer Lichtung oder einem Gipfel. Irgendwo hinter dir im Tal ist alles zerbrochen. Du lagst am Boden und bist wieder aufgestanden. Du bist einen beschwerlichen Schritt nach dem anderen durch das Tal gewandert, manchmal vielleicht mehr gekrochen als gegangen. Es war ein beschwerlicher, steiniger Weg, der dir immer wieder viel abverlangte. Oft bist du ihm gefolgt, ohne zu sehen, wo es eigentlich hingeht, ohne Aussicht auf einen leichteren Pfad. Und jetzt bist du auf diesem Platz angekommen, an dem du heute stehst. Und du nimmst wahr, dass du es tatsächlich überlebt hast. Wie geht es nun weiter? Was mag da vor dir liegen? Was ist dein nächster Schritt?

Noch einmal lade ich dich ein, innezuhalten, nachzuspüren und den Weg zu würdigen, den du bis hierher gegangen bist. Verbinde dich mit deinem Herzen und nimm den Platz wahr, an dem du jetzt gerade stehst. Schau dich um. Wie sieht es hier aus? Wie ist es im Hier und Jetzt an diesem Platz, an dem du nun angekommen bist? Wie fühlt es sich an, hier zu sein? Was ist notwendig für den nächsten Schritt?

Meine Trauer tritt in den Hintergrund

Lange Zeit ging es darum, die Trauer ins Leben einzuladen, sie als Freundin zu akzeptieren und vielleicht sogar lieb zu gewinnen. Es war immer wieder herausfordernd, diesen liebevollen und zugleich so schmerzhaften Weg mit ihr zu gehen. Zu Beginn war es vielleicht sogar fast unmöglich. Es tat einfach so unglaublich weh. Nun sind wir gemeinsam durch dieses Buch gegangen und du bist womöglich an einem Punkt auf deinem Weg angekommen, an dem es um die Frage gehen darf, wie dein neues Leben nun aussehen soll. Ein Leben, das die Trauer weiter als Freundin beinhaltet, sich aber nicht mehr um sie drehen muss. Ein Leben, das du so niemals gewollt hast und vielleicht am Ende doch wieder neu umarmen kannst. Ein Leben, das ohne deinen geliebten Verstorbenen und zugleich mit ihm stattfindet. Ein Leben, in dem du wieder und auf ganz neue Art Freude und Glück empfinden kannst. Die Trauer um den Verstorbenen darf womöglich allmählich ganz gehen. Sie hat ihre Aufgabe erfüllt.

Ein bisschen komisch ist es schon, die Trauer – diesen Gast, der damals uneingeladen auf unserer Couch erschienen ist – wieder zu verabschieden. Die Tür darf weiter offen stehen, die Trauer ist und bleibt ein Teil von uns, aber sie muss nun nicht mehr ständig auf unserer Couch sitzen. Nach all der Zeit, in der sich so vieles in deinem Leben um sie drehte, in der es fast unvorstellbar war, wie es in Anbetracht deines großen Verlusts überhaupt um dich gehen sollte, merkst du auf einmal genau das: Es darf jetzt wieder ganz um dich gehen.

Alles ist vergänglich. Alles verändert sich. Das hast du schmerzlich erfahren, als dieser Mensch starb und plötzlich nicht mehr an deiner Seite war. Vergänglichkeit bedeutet nicht bloß, dass alles Lebendige und Gute einmal vergeht. Vergänglichkeit nimmt nicht nur das, was uns lieb ist, auch das Schmerzhafte geht vorbei. Auch die wirklich schweren Zeiten haben irgendwann ein Ende. Auch die Trauer vergeht. Als gute Freundin darf sie weiterhin in unserem Leben sein, wir müssen den Kontakt nicht ganz abbrechen. Vielleicht meldet sie sich immer wieder einmal. Eine gewisse Wehmut bleibt, vielleicht auch eine Narbe, dort, wo zu Beginn eine blutende Wunde war. Vermutlich wird es weitere Verluste und schmerzhafte Momente in deinem Leben geben. Auch dafür bleibt die Trauer immer an deiner Seite. Das heißt aber nicht, dass sie ständig präsent sein muss.

Darf ich wirklich wieder glücklich sein ohne dich?

Hier und jetzt darf sich die Trauer erst einmal zurückziehen. Das ist womöglich gar kein so einfacher Schritt. Vielleicht kommt die Frage in dir auf, ob du die Trauer gehen lassen und wirklich wieder glücklich sein darfst. Ist es tatsächlich okay, wenn ich mich ins Leben stürze, obwohl doch mein geliebter Verstorbener nicht mehr hier sein kann?

Ich bin mir sicher, dass unsere Verstorbenen sich nichts sehnlicher wünschen als das. Oft wird es bereits kurz nach ihrem Tod in unserem Umfeld so dahergesagt: »Er würde nicht wollen, dass du jetzt unglücklich bist.« Doch wie sollen wir zu diesem Zeitpunkt glücklich sein, wenn alles so sehr wehtut? Deshalb finde ich es wichtig, sich bewusst zu machen, dass die Verstorbenen mit großer Liebe und ganz viel Mitgefühl auf unseren Weg durch die Trauer schauen. Niemals würden sie von dir verlangen, sofort auf »Glück« umzuschalten, wenn gerade noch der Schmerz gefühlt werden will. Dennoch wünschen sie sich nichts sehnlicher. Denn ihnen geht es gut, dort wo sie sind. Nahtoderfahrene sprechen von unendlicher Liebe und davon, dass sie eigentlich nicht zurückwollten in dieses Leben hier. Menschen, die dank ihrer medialen Fähigkeiten Verstorbene wahrnehmen können, sprechen ebenfalls davon, dass diese ihnen stets mit großer Liebe begegnen und sie den Hinterbliebenen immer aus dieser tiefen Liebe heraus zugewandt sind in allem, was sie tun. In ihrer Welt gibt es unseren Schmerz nicht und doch können sie ihn mitfühlen, wenn wir ihn fühlen. Wie sollten sie sich je etwas anderes wünschen, als dass auch wir ihre Liebe und diese tiefe Freude empfinden? Wie sollten sie uns jemals etwas anderes wünschen, als tiefen inneren Frieden und ein erfülltes Leben auch ohne sie?

Dein geliebter Verstorbener ist nicht mehr hier. Dort, wo er ist, geht es ihm gut. Du bist noch in diesem Leben. Warum das so ist, wissen wir nicht. Vielleicht, weil es der Plan deiner Seele war, vielleicht, weil es Gottes Plan war, vielleicht, weil es eben einfach so ist. Wir haben erfahren, wie schnell alles vorbei sein kann in diesem Leben. Der Tod zeigt uns, wie kostbar es ist, hier zu sein. Und dabei bleibt es immer uns selbst überlassen, wie wir diese Zeit verbringen wollen. Ich verstehe es gut, wenn jemand an einem schweren Verlust zerbricht, sich von der Welt abwendet, das eigene Herz verschließt und kein neues Leben zulässt. Ich stand selbst immer wieder vor dieser Weggabelung. Warum eigentlich sollte es selbstverständlich sein, dass ich den Weg zum neuen Glück wähle? Wer sagt, dass ich das schaffen muss?

Der Tod zeigt uns, wie kostbar es ist, hier zu sein.

Es war stets meine größte Angst, dass ich mich für die Verbitterung entscheiden könnte. Es war ein düsteres Bild von mir selbst, abgetrennt von der Welt und anderen Menschen, mit verschlossenem Herzen und verschlossenen Türen, weil mich doch ohnehin keiner versteht.

Ich öffne mein Herz

Immer wieder habe ich mich bewusst für den anderen Weg entschieden. Immer wieder habe ich mein Herz Stück für Stück neu geöffnet. Weil ich leben wollte. Wirklich leben. Und das wünsche ich dir auch. Das wünsche ich jedem, der so etwas erlebt hat. Da du dieses Buch in deinen Händen hältst, kann ich mir vorstellen, dass es auch dein eigener Wunsch ist, einen Weg zurück in deine Lebendigkeit zu finden. Der Schlüssel dorthin liegt in deinem eigenen Herzen.

Wie geht es deinem Herzen gerade? Kannst du es spüren? Vielleicht magst du einmal eine Hand auf dein Herz legen. Wie fühlt es sich an? Schließe die Augen und spüre hinein. Fühlt es sich eng an oder weit? Atme. Und spüre. Begib dich auf die Reise in dein eigenes Herz. Was nimmst du wahr? Wie sieht es dort aus? Wie sieht dein Herzraum aus? Vielleicht ist es wirklich ein Raum. Was befindet sich darin? Was kannst du erkennen? Vielleicht ist es auch ein Ort in der Natur. Atme ganz weich und spüre bewusst hinein. Wie fühlt es sich an, dein Herz?
Was wünschst du dir jetzt von deinem Leben? Wovon träumst du? Wie möchtest du leben? Wie möchtest du jetzt sein? Wer möchtest du sein? Was möchte dein Herz?

Sich vor der Welt zu verschließen, ist ein ganz verständlicher Schutzimpuls. Es entsteht eine Schutzwand aus Verbitterung, die niemanden durchlässt. Denn es scheint am besten, nie mehr so zu lieben wie zuvor, weil wir erlebt haben, wie sehr diese Liebe schmerzen kann, wie weh es tut, das zu verlieren, was wir am liebsten für immer in unserem Leben behalten wollten.
Es gibt tatsächlich keine Garantie, dass wir nie mehr leiden müssen. Niemand kann und wird uns versprechen, dass wir ab sofort keinen solch schmerzhaften Verlust mehr erleben, dass ab

jetzt irgendwie alles gut ist, weil wir doch genug gelitten haben. Aber wollen wir deshalb wirklich aufhören zu lieben, so mittendrin? Es gibt im Leben weder eine Sicherheit noch ein Recht darauf, unsere Pläne und Träume immer erfüllt zu sehen. Wir sind hier, um Erfahrungen zu machen. Manche davon sind schmerzhaft, andere dafür voller Freude. Für diese Momente lohnt es sich, dein Herz offen zu lassen oder wieder neu zu öffnen. Wenn du es zum Schutz vor Schmerz und Leid verschließt, werden auch Freude, Glück und Liebe ihren Platz darin nicht mehr finden können.

Was öffnet dir das Herz? Die Strahlen der Sonne? Das Zusammensein mit Menschen, die du liebst? Die Natur? Zu tun, was du liebst? Musik? Was braucht es heute, hier und jetzt, für dein Herz? Wie kannst du dein Leben so ausrichten, dass du mehr von diesen Dingen, die dein Herz öffnen, zu dir einlädst?

Wer bin ich, wenn ich nicht mehr trauere?

Wenn die Trauer gehen darf, wenn ich wirklich wieder glücklich sein kann, einfach, weil nichts mehr dagegen spricht, wer bin ich dann? Es scheint verrückt, dass wir zögern, denn eigentlich müsste es doch genau das sein, was wir uns wünschen: endlich wieder glücklich sein. So lange wollten wir die Trauer nicht haben, haben uns mit allem, was wir hatten, gegen sie gewehrt. Inzwischen ist sie vielleicht tatsächlich zur Freundin geworden. Und dann kommt irgendwann dieser Punkt, an dem sie gehen könnte. Und etwas scheint dagegen zu sein.

Ich habe irgendwann auf meinem Weg gemerkt, dass meine Trauer bereit war, sich weiter zurückzuziehen, dass ich sie eigentlich nicht mehr so sehr in meinem Leben brauchte. Und doch hielt ich noch eine Weile lang an ihr fest. Denn ich wusste nicht mehr, was ich ohne sie sein würde. Ich hatte mich auf die-

sem langen Weg mit meiner Trauer ganz gut eingerichtet. Wollte ich nach all den Umwälzungen, die Julians Tod ausgelöst hatte, nun wirklich schon wieder eine Veränderung? Ich realisierte, dass ich mich ein Stück weit über meine Trauer identifiziert hatte. Ich war die trauernde Silke geworden. Für diese trauernde Silke galten bestimmte Regeln. Es gab Dinge, die sie aufgrund ihrer Trauer nicht konnte, ein bisschen durfte sie sich auch hinter dieser Trauer verstecken und musste noch nicht wieder die volle Verantwortung für ihr Leben übernehmen. Sie war schließlich in Trauer und hatte, nach allem, was ihr widerfahren war, jeden Grund dazu. Meine Trauer hat so vieles in meinem Leben beeinflusst und bestimmt. Es war, als wäre ich unter einem großen Berg aus Schmerz und Trauer verschüttet worden. Jahrelang hatte ich mich innerhalb dieses Berges mit Julians Tod auseinandergesetzt, mit meiner Trauer und ein Stück weit auch mit mir selbst – aber immer in Bezug auf Julian, in Bezug auf diesen Verlust. Und auf einmal merkte ich, dass der Berg abgetragen war. Ich hatte wieder freie Sicht. Da war auf einmal nur noch ich. Noch leicht zerzaust, durchgerüttelt und irgendwie nackt. Es fühlte sich ungewohnt an. Nicht schlecht, aber ungewohnt. Nun, da sich mir auf einmal eine Fülle von Möglichkeiten eröffnete, die es inmitten dieses Trauerbergs nicht gegeben hatte, stand ich unschlüssig da und hatte keine Ahnung, wo ich hingehen sollte. Der Prozess der Trauer war ein Wandlungsprozess im Inneren. Wie eine Raupe, die sich verpuppt. Und am Ende entschlüpft ein wunderschöner Schmetterling hinein in ein ganz neues Leben. Auch er hält noch einen Moment inne, bis die Flügel getrocknet sind und er bereit ist zu fliegen.
Und wer war ich nun? Welche Art von Schmetterling? Wer war ich, wenn ich nicht mehr die trauernde Silke war? Was für eine Silke war ich dann? Auf eine gewisse Art hatte mich die Trauer auch gehalten in all der Zeit. Wo konnte ich nun Halt finden?

Und wieder ist es eine Suchbewegung. Die Suche nach uns selbst. Eine Suche, die womöglich in diesem Leben nie aufhören wird. Denn immer wieder gibt es Neues zu entdecken. Neue Aspekte, neue Themen, neue Möglichkeiten, uns weiter zu entfalten.
Im Hier und Jetzt geht es nur darum, den nächsten Schritt zu gehen. Liebevoll und ohne Druck. Du musst nicht morgen wissen, wer du bist. Du musst nicht morgen ganz ohne Trauer sein. Es darf ein kleiner Schritt sein. Und dann noch einer. Forschend. Neugierig. Offen für das, was sich zeigen mag.

Ich wurde ver-rückt und das ist gut so

Auf diesem Weg der Trauer hast du dich womöglich oft gefragt, ob du verrückt wirst. Verrückt vor Schmerz, verrückt vor Sehnsucht, verrückt, weil du Dinge erlebst, deren Existenz du zuvor ausgeschlossen hast und die ein Teil von dir womöglich nach wie vor ein wenig anzweifelt.
Die Wahrheit ist: Du wurdest ver-rückt, an eine andere Stelle gerückt. Du bist nicht mehr dort, wo du vorher warst. Du bist an einem neuen Ort. Niemals hättest du dir gewünscht, was geschehen ist, alles hättest du getan, um es zu vermeiden. Aber es ist geschehen und es hat dich verändert. Wie auch hätte es das nicht tun sollen? Dieser schmerzhafte Verlust hat dich auf dich selbst zurückgeworfen und womöglich alles infrage gestellt, was früher einmal ganz selbstverständlich gewesen war. Er hat dich aufgefordert, die Dinge neu einzuordnen. Dich neu einzuordnen in diese Welt. Deinen neuen Platz ganz einzunehmen. Ver-rücktes Leben. Ver-rückte Weltsicht. Ver-rückte Beziehung. Ver-rücktes Selbst.
Es darf sich gut anfühlen an diesem neuen Platz, auch wenn es vielleicht ein seltsamer Gedanke ist. Wäre dieser Mensch nicht

gestorben, wärst du heute nicht dort, wo du jetzt bist. Wie also kann es ein guter Platz sein? Würde das nicht bedeuten, dass sein Tod irgendwie gut war? Ich habe mich immer wieder gefragt, warum es eigentlich nicht möglich war, dass Julian und ich gemeinsam ver-rückt wurden. Warum konnten wir diese Erfahrungen, die ich auf meinem Weg machte, denn nicht zusammen machen und gemeinsam daraus lernen? Es ist paradox: Ich wünschte ihn zurück an meine Seite und zugleich wusste ich, dass ich mit ihm an meiner Seite niemals diesen Weg gegangen wäre, niemals diese wertvollen Begegnungen gemacht, diese neuen Plätze für mich und in mir entdeckt hätte. Für all das war sein Tod die Voraussetzung. Nur durch seinen Tod konnte ich die Silke werden, die ich heute bin.

Es kann beides gleichzeitig sein. Dass dieser Mensch sterben musste, war nicht an sich gut. Es darf traurig bleiben, dass dein Leben ohne ihn weitergehen muss. Und zugleich darf etwas Gutes daraus entstehen. Es ist sogar ein sehr schöner Gedanke. Schließlich war es ja bereits schlimm genug, was geschehen ist. Es muss deshalb nicht weiterhin alles schlecht bleiben.

Ganz langsam können wir einen neuen Sinn finden. Einen Sinn, hier zu sein, und sogar einen Sinn in dem, was geschehen ist. Nicht so, dass auf einmal rückblickend alles toll ist. Aber wir können den Tod akzeptieren als das, was er ist: ein Teil des Lebens. Ein Teil dieses ewigen Kreislaufs aus Werden und Vergehen.

Ich lade dich ein zu einer Übung, die du jederzeit durchführen kannst. Nimm dir für das erste Mal ganz bewusst Zeit. Die Übung kannst du im Sitzen machen oder noch besser im Stehen. Wichtig ist, dass deine Füße auf dem Boden sind. Ganz besonders schön ist die Übung draußen im Freien, denn es geht darum, dich mit dem Himmel und der Erde zu verbinden. Schließe dafür deine Augen und nimm einige ganz bewusste Atemzüge. Spüre, wie dein Atem deinen Körper bewegt. Atme dann in deinen Bauch. Vielleicht magst du dazu eine Hand auf deinen Bauch legen. Spüre, wie die Bauchdecke sich sanft hebt und senkt. Bleibe einige Atemzüge mit deiner Aufmerksamkeit in deinem Bauch. Spüre deine Mitte. Geh dann mit deinem Atem hinunter zu deinen Beinen und Füßen. Beim nächsten Einatmen stelle dir vor, wie du die Energie der Erde durch deine Füße nach oben ziehst. Atme die Energie der Erde. Spüre die Verbindung zur Erde, wie sie dich nährt und trägt. Vielleicht magst du dir einen Punkt in der Erde vorstellen, mit dem du verbunden bist. Dein Ankerpunkt. Vielleicht ist er ganz nah unter dir, vielleicht ist er auch tief in der Erde, im Gestein oder mitten im Feuer. Spüre und atme in die Verbindung hinein. Mit jedem Atemzug ziehe die Energie weiter nach oben, bis sie dein Herz erreicht. Stelle die Verbindung zwischen deinem Herzen und der Erde her und spüre, wie die Energie mit jedem Atemzug fließt. Wenn du die Verbindung nach unten gut spüren kannst, wende dich nach oben. Gehe nun mit deinem Atem zu deinem Scheitelpunkt. Atme die Energie des Himmels durch deine Schädeldecke ein. Dabei stehst du weiter auf dem Boden und spürst die Verbindung mit der Erde. Zugleich verbindest du dich mit dem Himmel. Auch hier kannst du dir einen Ankerpunkt vorstellen, mit dem du immer verbunden bist. Vielleicht im Himmel über dir, vielleicht ganz weit draußen im Universum. Atme die Energie des Himmels ein. Atme sie in dein Herz. Spüre, wie die Energie des Himmels und der Erde sich in deinem Herzen treffen. Spüre, wie dein Körper auf der Erde steht oder sitzt. Spüre, wie du von beiden Seiten gehalten und getragen bist. Atme noch einen Moment in diese Verbindung, spüre, wie alles in deinem Herzen zusammenfließt. Wenn du so weit bist, lass langsam wieder Bewegung in deinen Körper kommen. Schau einmal, ob du die Verbindung in deinem Inneren bewahren und gleichzeitig wieder nach außen in den Kontakt gehen kannst. Im Laufe des Tages kannst du dich immer wieder über ein paar bewusste Atemzüge an die Übung erinnern, die Verbindung zu Himmel und Erde auffrischen und in deinem Herzen spüren.

Du bist noch da und ich gehe weiter

Alles Neue darf weiterhin in der Verbundenheit mit deinem geliebten Verstorbenen geschehen. Du musst ihn nicht »hergeben« für dein neues Leben. Du musst ihn nicht vergessen dafür. Du musst auch nicht aufhören, ihn zu lieben, um dafür andere Menschen lieben zu können. Dein Herz ist so groß, es kann sich immer noch viel mehr weiten und es passt so viel Liebe hinein.
Wenn ich davon spreche, dass ich Julian weiterhin liebe, auf neue Art und Weise, dann könnte der Gedanke entstehen, dass mich das davon abhalten würde, einmal eine neue Beziehung einzugehen. Dass ich mich in der Liebe zu ihm vor dem Neuen verschließe. Ich empfinde diese Idee als eine sehr einschränkende Sicht auf die Liebe. Als hätten wir nur gerade eine Portion Liebe für eine einzige Person in unserem Leben zur Verfügung! Oder vielleicht bestimmte Portionen für partnerschaftliche Liebe, Liebe zu Kindern und Eltern. Und das wars. Ich erlebe dagegen, wie die Liebe so viel mehr ist als das. Wenn ich einmal anfange, bedingungslos und maßlos zu lieben, dann wird sie einfach nur immer mehr. Dann kann ich durch die Liebe zu Julian erfahren, wie der Platz für andere Menschen in meinem Herzen immer größer wird statt enger. Ich kann lieben, soviel ich will. Das Leben an sich, die Menschen um mich herum, einen neuen Partner und, ja, auch mich selbst.
Deshalb erlaube dir zu lieben, soviel du kannst. Erlaube dir, diese Verbindung ganz tief zu spüren. Und du wirst merken, dass sie ein immer selbstverständlicherer Teil deines Lebens wird. Du weißt, dass sie immer da ist, dass du dich immer hineinfallen lassen kannst, dass es an dieser Stelle nichts zu verlie-

ren gibt. Julian ist heute nicht mehr mein erster Gedanke am Morgen und auch nicht mein letzter am Abend. Das war er, als er noch gelebt hat, auch nicht immer, obwohl ich ihn da bereits sehr geliebt habe. Es ist wie mit diesen wunderbaren Freundschaften zu Menschen, die nicht Teil unseres täglichen Lebens sind, die vielleicht weit entfernt wohnen und die wir nur noch selten sehen. Und wenn wir uns sehen, ist es, als wären wir nie getrennt gewesen. Gerade weil wir im tiefen Vertrauen sind, dass sie immer da sind, müssen wir sie nicht jederzeit um uns haben.

Ich begebe mich in den Fluss des Lebens

Aus diesem Vertrauen heraus können wir uns mitten hineinwerfen in das Leben. Ich sehe es gerne als Fluss, der mal tosend, mal sanft dahinfließt. Früher habe ich immer darauf hingelebt, dass ich bestimmte Dinge erreichen muss, damit ab einem gewissen Punkt alles im Leben gut sein wird. Wenn nur dies oder jenes endlich erfüllt ist, dann wird alles gut. Diesen einen Job bekommen, auf diese tolle Reise gehen, in eine neue Wohnung ziehen, eine liebevolle Partnerschaft haben – immer gab es ein äußeres Ziel, von dem ich – wenn ich es nur endlich erreichen würde – dauerhaftes Glück erwartete. In diesem Fluss des Lebens funktioniert es allerdings so nicht. Es reißt uns mit – mal sanft, mal brutal. Und wir haben immer die Wahl, wie wir unsere Situation betrachten wollen. Wollen wir kämpfen und versuchen, den Fluss zu kontrollieren, oder wollen wir uns hingeben an das, was ist? In jeder noch so schlimmen Situation können wir zwischen Widerstand und Hingabe wählen.

Dem, was sowieso ist, nicht mehr mit Widerstand zu begegnen, scheint für mich der Schlüssel zum Frieden zu sein. Doch es gibt hier keine falsche Wahl und niemand wird dir am Ende deines

Lebens eine Urkunde überreichen, weil du alles richtig gemacht hast. Oder über dich urteilen, weil du es falsch gemacht hast. Es geht einfach nur darum, das Leben zu leben. Wie du das machen willst, das ist ganz deine Entscheidung.
Durch Julians Tod habe ich gelernt, dass wir keine Kontrolle über das haben, was geschieht. Wir können nicht aufhalten, was geschehen will. Ich habe auch gelernt, dass Wunder dann geschehen können, wenn wir uns darauf einlassen. Erst wenn wir unseren Fokus von der Kontrolle nehmen, wenn wir den Blick stattdessen schweifen lassen und bei jedem Schritt neugierig bleiben, können wir all die neuen Türen sehen, die sich für uns öffnen. Solange wir nur auf die Tür blicken, die sich gerade geschlossen hat, verpassen wir die Chancen, die sich uns zeigen wollen.

Vielleicht magst du nun, kurz vor Ende dieser Reise, noch einmal einen Moment mit mir gemeinsam innehalten und diesen Fluss des Lebens wahrnehmen. Nimm dir einen Moment Zeit für dich. Suche dir einen bequemen Platz, schließe die Augen und verbinde dich mit deinem Atem. Atme ganz weich und spüre, wie der Atem durch deinen Körper fließt. Lass das Bild deines Lebensflusses entstehen. Wie nimmst du ihn heute wahr? Ist er schmal oder breit, fließt er langsam oder schnell? Atme ganz weich und verbinde dich mit diesem Fluss. Wenn du magst und es für dich stimmig ist, kannst du ihn zunächst einfach nur betrachten. Bleibe in diesem Bild und nimm wahr, wie dieser Fluss fließt. Immer weiter. Du kannst dich auch in diesen Fluss hineinwagen. Vielleicht in einem Boot oder auf einem Floß. Wie fühlt es sich an auf diesem Fluss? Traust du dich heute, die Leinen loszulassen, dich ganz dem Fluss zu übergeben? Wenn ja, was empfindest du dabei? Atme weich und verschmelze mit dem Fluss. Du musst nichts tun. Einfach nur sein. Du darfst einfach fließen. Schau, wie weit du gehen magst. Alles ist okay, auch weiterhin am Rand zu stehen und den Fluss von dort aus zu betrachten. Mach dich mit ihm vertraut. Du weißt, du kannst jederzeit deinem eigenen Atem folgen. Deinem Atem, der dich lebendig macht, der dich im Hier und Jetzt hält. Verabschiede dich langsam aus diesem Bild. Lass die Bewegung wieder in deinen Körper kommen und öffne in deinem Tempo die Augen. Wie immer kannst du diese Übung jederzeit wiederholen, sie immer wieder nutzen, um dich ganz behutsam mit dem Fluss des Lebens vertraut zu machen.

Ich vergebe und finde Frieden in mir

Durch den Tod deines geliebten Menschen gab es womöglich weitere Verluste in deinem Leben – sogenannte »Sekundärverluste«. Dazu gehören der Verlust von Freundinnen und Freunden, der eigenen Identifikation und Zugehörigkeit, womöglich der alten Weltsicht, der Arbeitsstelle, der Wohnung oder sonstigen Aspekten deiner Lebenssituation. Womöglich gab es viele größere und kleinere Verletzungen in dieser Zeit. Menschen, die dich enttäuscht oder mit Worten getroffen haben.

Das tut auch nach langer Zeit noch weh. Manchmal scheint es ganz unbegreiflich, wie das alles geschehen konnte. Wie kann es sein, dass enge Freunde sich abwenden – gerade dann, wenn es schwer wird? Ich habe lange nach Erklärungen gesucht und gedacht, ich müsste nur irgendwie begreiflich machen können, wie es sich für mich anfühlt, dann würden es endlich alle verstehen. Ich konnte und wollte nicht wahrhaben, dass Freundschaften an dieser Krise einfach so zerbrechen, hatte ich doch immer geglaubt, dass echte Freundschaften genau dafür da sind. Hatte ich mich so sehr getäuscht?

Auch das sind Gefühle, die zunächst einmal gefühlt werden wollen. Auf Dauer bringen sie uns allerdings nicht weiter. Irgendwo habe ich einmal davon gelesen, was es bedeutet, wenn wir wütend auf jemanden sind. Derjenige hat vielleicht morgens etwas Blödes zu uns gesagt oder uns auf andere Art enttäuscht. Und dann laufen wir mit diesem Gefühl der Enttäuschung oder des Ärgers durch den Tag. Wir grübeln abends darüber nach, vielleicht erzählen wir einer anderen Person davon. In unserem Herzen ist Wut, Ärger oder Enttäuschung. Und wir halten es in uns aufrecht. Wie auch hätte es die Person verdient, dass wir ihr vergeben? Die Sache ist aber, dass unser Ärger der anderen Person vermutlich gar nichts ausmacht. Während wir den ganzen Abend mit diesem Gefühl verbringen, sitzt sie womöglich in aller Ruhe auf dem Balkon und genießt ein Glas Wein. Wozu also der Ärger, wenn er in Wahrheit doch nur uns selbst schadet?

Du wirst deine Mitmenschen nicht ändern, egal, wie sehr du es versuchst. Die einzige Person, die wir ändern können, sind wir selbst. Wir können uns entscheiden zu vergeben – den anderen und uns. Es klingt einfach und im Grunde ist es das auch. Wenn es nicht gleichzeitig auch so schwer wäre. Probiere es einmal aus, erforsche es in dir. Wie fühlt sich dein Ärger gerade an? Und wie würde es sich, so rein theoretisch, anfühlen, wenn da stattdessen Vergebung wäre? Wenn es okay wäre, wie es war, weil niemand etwas dafür konnte, was geschehen ist. Und niemand für dich ein anderer Mensch sein konnte als der, der er ist. Wie würde es sich anfühlen, mit allem, was war, in Frieden zu sein? Was ist im Hier und Jetzt wirklich wichtig? Worauf möchtest du deine Aufmerksamkeit richten?

Ich nutze die Chancen und lasse Heilung geschehen

Schon immer habe ich Menschen bewundert, denen schlimmste Dinge widerfahren sind und die doch oder gerade deshalb dieses Strahlen in den Augen haben. Menschen, die nicht den »normalen« Weg gehen, sondern den Mut haben, ihren eigenen Weg zu gehen. Menschen, die in die Abgründe des Lebens geblickt und eine tiefe Weisheit daraus hervorgeholt haben. Die wissen, wie kostbar das Leben ist. Die um die Zerbrechlichkeit aller Dinge wissen und doch selbst nicht daran zerbrechen. Menschen, denen ich endlos zuhören könnte, weil sie etwas zu erzählen haben. Menschen, die ihre eigene Seele kennen. Menschen, die damit auch meine Seele schon immer berührten.

Jetzt bin ich selbst so ein Mensch. Einer, der Schlimmes erlebt hat. Und ich sehe die Chancen darin. Nach allem, was geschehen ist, was haben wir noch zu verlieren? Wie könnten wir einfach so tun, als wäre nichts gewesen, und weitermachen wie zuvor? Vielleicht geht es dir ähnlich wie mir und du entdeckst irgendwann auf deinem Weg, dass es hier um mehr als um diesen Verlust und deine Trauer geht. Damit will ich deinen Verlust nicht schmälern. Doch du merkst vielleicht, dass gerade durch diesen großen Schmerz, den du erlebst oder erlebt hast, auch andere Wunden in dir mit aufgerissen werden. Erst dadurch, dass wir unsere Wunden sehen, erhalten wir auch die Chance, sie zu heilen.

Für mich führte die Tatsache, dass ich komplett aus meinem Leben herauskatapultiert wurde, auch dazu, dass ich zum ersten Mal überhaupt die Möglichkeit hatte, das Leben, das ich bis dahin geführt hatte, von außen zu betrachten. Ja, auf eine Art die ganze Welt, in der ich lebte, von außen zu betrachten. Es zeigten sich zunächst viele körperliche, gesundheitliche Themen. Sie wurden nicht allein durch Julians Tod ausgelöst und waren mit der Auseinandersetzung mit meiner Trauer auch nicht einfach wieder vorbei. Sie gingen tiefer, waren älter und hatten mit meinem ganzen Sein in dieser Welt zu tun. Es wäre wohl genug Stoff für ein weiteres Buch, davon zu berichten. In jedem Fall lädt dieser Verlust, lädt die Trauer uns auch dazu ein, an diesen Stellen wirklich hinzusehen. Mir haben gerade auch die Menschen, von denen ich so sehr enttäuscht war, dabei geholfen. Ich musste diese Erfahrung genau so machen, um diesen Weg zu mir selbst auf diese Art betreten zu können. So sehe ich heute, wie jede Begegnung, jedes Ereignis auf unserem Weg nur eines möchte: uns auf unseren Weg, uns zu uns selbst zurückbringen.

So kann nicht nur diese eine große Wunde heilen, die durch den Tod unseres geliebten Verstorbenen aufgerissen wurde. Durch die Trauer kann viel mehr Heilung angestoßen werden, als wir zunächst erahnen können. Ich möchte dich einladen, dich wirklich darauf einzulassen. Und wie immer: Wenn es gerade nicht für dich passt, kannst du es erst einmal zur Seite legen. Das Heilen dieser einen großen Wunde reicht bereits als Aufgabe, vielleicht ist mehr auch gar nicht dran im Moment. Auch musst du diesen Weg, wie du weißt, nicht alleine gehen. Wenn du merkst, dass du alleine nicht weiterkommst, dann suche dir die Unterstützung, die für dich gerade hilfreich und stimmig ist.

Ich bin dankbar für das, was war und ist

Dankbarkeit birgt so viel Heilung in sich, dass ich sie hier noch einmal besonders hervorheben möchte. Dankbarkeit für das, was war, aber vor allem auch für das, was jetzt ist. Was gibt es hier und heute, wofür du dankbar bist? Für welche Menschen in deinem Leben, für welche kleinen und großen Augenblicke dieses heutigen Tages bist du dankbar?

Selbst wenn du es noch nicht so sehr fühlen kannst, kannst du hier und heute damit beginnen, dir die Dankbarkeit zur Gewohnheit werden zu lassen.

Und mit der Dankbarkeit kommt auch die Mitfreude. Wenn ich dankbar auf das blicke, was ich habe, anstatt mit dem zu hadern, was ich nicht mehr habe, kann ich Mitfreude für andere empfinden. Mitfreude für das, was sie in ihrem Leben haben. Wie viel schöner fühlt sich das in mir an, wenn ich ihnen ihr Glück nicht nur gönne, sondern mich aus tiefem Herzen mit ihnen freuen kann. Dabei ist Neid ein Gefühl, das zunächst genauso gefühlt werden möchte wie alle anderen Gefühle. Erlaube dir, auch deinen Neid zu spüren in einer Zeit, in der es doch nur allzu verständlich ist, sich zu fragen, warum die anderen ihr Glück behalten dürfen, während einem selbst auf so grausame Art alles genommen wurde.

In der Dankbarkeit erkenne ich, wie viel ich noch habe, wie reich mein Leben nach wie vor ist. Ich darf erkennen, dass ich so viele Geschenke des Lebens bekomme. Ich darf meine Aufmerksamkeit immer wieder auf genau diese Dinge richten. Das heißt nicht, dass ich verklärt auf die Welt schaue, das andere darf auch sein. Doch ich habe die Wahl, welcher Sichtweise ich mehr Energie gebe. Immer wieder, jeden Tag aufs Neue.

Erinnerst du dich noch an das Bild des eingestürzten Hauses, das ich im ersten Kapitel dieses Buches benutzt habe? Dieses Haus, das direkt nach dem Tod deines lieben Verstorbenen fast komplett in Trümmern lag? Damals haben wir uns gefragt, wie es wohl jemals wieder aufgebaut werden kann, welche Bauteile wir wieder verwenden und welche neuen Teile wir dafür brauchen würden. Wie sieht es jetzt, an diesem Punkt deiner Reise, aus? Welche Teile deines Lebenshauses sind nun wieder begehbar und an welchen Stellen herrscht vielleicht noch Baustelle? Was brauchst du, damit du es dir darin noch gemütlicher machen kannst?

Ich bringe mein Strahlen in die Welt

Es ist wirklich verrückt, das Leben. Was für eine sonderbare Reise. Du hast dem Tod ins Auge geblickt und unterwegs tiefen Schmerz erlebt. Du hast viel über das Leben gelernt. Ent-täuschungen haben dich näher an deine eigene Wahrheit gebracht und dich das Leben mit neuen Augen betrachten lassen. Ich habe keine Ahnung, was du persönlich aus all diesen Erfahrungen gelernt hast, aber ich kann mir vorstellen, dass es viel ist. Trauer macht weise, habe ich vor Kurzem irgendwo gelesen. Es ist nicht das Alter allein. Nur weil Zeit vergeht, werden wir nicht automatisch weiser. Es sind die Erfahrungen, die wir machen, und es ist die Auseinandersetzung mit uns selbst. Ein neuer Blick auf das Leben. Ein neuer Blick auf unser eigenes Sein.

Vielleicht, und das ist meine ganz persönliche Überzeugung, geht es genau darum im Leben. Um unser Sein. Um unsere Gabe. Das, womit wir hier in diese Welt gekommen sind. Der Tod erinnert uns daran, wie kostbar es ist. Und wir dürfen es nun in die Welt tragen. Es gibt nichts zu tun, nicht in dem Sinne, dass wir Großes erreichen müssen. Es gilt vielmehr zu sein, ganz das zu sein, was wir schon immer waren. Und unser Licht in der Welt leuchten zu lassen.

Was hast du jetzt zu geben? Was hast du gelernt, welche Gaben hast du in dir entdeckt auf diesem Weg? Was ist da tief in dir, was nun nach außen möchte? Ist dir schon einmal aufgefallen, wie wertvoll du bist? Ich träume immer wieder von einer Welt, in der mehr Menschen ihr inneres Leuchten entdecken und sich erlauben, es auch nach außen strahlen zu lassen. Wenn wir selbst damit anfangen, erlauben wir auch denen um uns herum, ihr eigenes Leuchten zu entdecken. Stell dir einmal vor, was für eine schöne Welt das wäre. Was kannst du dazu beitragen? Damit meine ich nicht die großen Dinge. Dein Wirken beginnt im Kleinen, nicht im Großen. Wie gehst du nach den Erfahrun-

gen, die du gemacht hast, mit den Menschen in deinem Umfeld um? Wie liebevoll begegnest du dir selbst und anderen?
Was würde dein Verstorbener jetzt wohl dazu sagen, was würde er sich wünschen für dich und deinen weiteren Weg? Wie stolz schaut er womöglich auf dich nach allem, was du gemeistert, erfahren und überlebt hast? Wie liebevoll sieht er dir zu von dort, wo er jetzt ist?
Ich habe mir immer vorgestellt, wie Julian und ich gemeinsam diesen Weg betreten. Wie er mir dabei geholfen hat, diesen Weg zu mir selbst zu finden, und wie er bei dem, was ich jetzt in die Welt trage, auf seine Art mitwirkt. Auch unsere Verstorbenen wollen nichts anderes, als uns leuchten zu sehen. Sie leuchten dort, wo sie jetzt sind, und wir leuchten hier in diesem Leben. Was kann aus all der Tragik des Lebens Schöneres entstehen?

Nachwort

Die Trauer ist und bleibt ein Teil von uns, während wir weiter durchs Leben gehen. So zumindest erlebe ich es. Fünf Jahre nach Julians Tod würde ich nicht mehr sagen, dass ich aktiv um ihn trauere. Manchmal schaue ich wehmütig zurück. In Momenten, in denen ich mich auf die eine oder andere Art alleine fühle, vermisse ich ihn noch ab und zu. Eine gewisse Verlustangst ist geblieben. Ein Wissen darüber, wie schnell alles vorbei sein kann, was mir heute wichtig ist im Leben. Eine Narbe ist wohl geblieben auf meinem Herzen. Gut verheilt und doch nicht mehr so wie früher. Eine wertvolle Narbe, die mich stets daran erinnert, wie kostbar das Leben und die Liebe sind. Ich habe die Suche nach meinem Platz in der Welt noch nicht beendet. Und ich spüre ein tiefes Vertrauen, dass alles so geschieht, wie es geschehen soll.

Über meine Arbeit als Trauerbegleiterin und Bloggerin zu diesem Thema beschäftige ich mich heute jeden Tag mit Trauer und Tod und spreche oder schreibe häufig über Julian und meine Gefühle. Für mich hat die Trauer, gerade weil sie diesen ganz natürlichen Platz in meinem Leben hat, ihren Schrecken verloren. Weil ich mich so intensiv damit auseinandergesetzt habe, spüre ich heute vor allem große Freude, wenn ich an Julian denke. An seinem fünften Todestag habe ich gesungen und getanzt. Und war selbst überrascht, keinen Schmerz in mir aufspüren zu können. Wehmut, ja. Gedanken an das, was war, auch. Aber keinen Schmerz. Stattdessen vor allem Dankbarkeit für das, was seitdem geschehen ist.

Denn Julian hat mich durch seinen Tod auf meinen ganz persönlichen Weg gebracht. Ich verstehe es als eine Verabredung zwischen zwei alten Seelenfreunden. Seit ich das für mich erkannt habe, kann ich gar nicht mehr wirklich traurig über seinen Tod sein. Weil es kein endgültiges Ende von allem ist, sondern nur eine Erfahrung in diesem Leben. Was geschehen ist, war nötig, um mein Herz zu öffnen. Es war nötig, um mich selbst zu erkennen. Und es war nötig für das, was Julian dadurch hier erfahren sollte. Und wer weiß, wofür noch. Wo genau mich das hinführt, weiß ich nicht. Ich habe keinen Plan. Ich weiß nur, dass ich der Liebe folgen werde. Für den Rest meines Lebens.

So schön, friedlich und sanft das auch klingt, gibt es natürlich weiterhin andere Seiten in mir. Mein Leben fordert mich nach wie vor heraus. Immer und immer wieder. Gerade wenn ich denke, ich hätte es kapiert, reißt es mich wieder in eine ganz neue Richtung. Gerade wenn ich denke, jetzt ist alles gut, stoße ich auf neue Themen und neue Wunden, die in mir und durch mich geheilt werden wollen. Ich umarme sie nicht immer fröhlich und wehre mich gegen schmerzhafte Erfahrungen. Ich habe dich in diesem Buch oft ermutigt, deine Widerstände aufzugeben, dich ganz einzulassen auf deine Gefühle und liebevoll mit dir selbst umzugehen. Manchmal musste ich darüber lachen, habe ich selbst es doch allein schon im Schreibprozess dieses Buches immer wieder anders gemacht und meine eigenen Worte beim Schreiben ignoriert. Mich gezwungen zu schreiben, wenn gerade gar nichts ging, mich gewehrt gegen alles Mögliche, was da eigentlich von mir gefühlt werden wollte in diesem kreativen Prozess.

Ich weiß also auch nicht wirklich, wie das geht mit dem Leben. Ich lebe es einfach nur einen Schritt nach dem anderen. Und ich wünsche dir, dass auch du weiter deine Schritte gehst. Auch wenn es noch so oft nicht gelingen mag, wünsche ich dir von Herzen, dass du dich immer wieder daran erinnerst, wie wichtig es ist, gut für dich zu sorgen und liebevoll mit dir selbst, deinen Bedürfnissen und Gefühlen umzugehen. Du bist wertvoll und wichtig. Du bist wundervoll, genau so, wie du bist. Danke, dass du dich auf diese Reise eingelassen hast.

Danke!

Ich danke meiner Lektorin Andrea Langenbacher von Herzen für den Impuls, zu diesem Thema zu schreiben, die unkomplizierte Zusammenarbeit und ihre wundervolle Arbeit an diesem Buch. Ohne dich wäre dieses Buch in der Form gar nicht entstanden. Danke, dass du meine Worte so liebevoll und zugleich zielsicher geschärft hast.

Ich danke Andrea Ballhause für das sehr ausführliche »Probelesen«, das eher »Vorlektorat« genannt werden müsste. Danke für deine Liebe zu meinen Texten und dass du dir bereits zum zweiten Mal die Zeit für ein Buch von mir genommen hast. Danke für deinen liebevoll-kritischen Blick auf meine Worte. Danke dir und allen anderen, die meine kleinen und größeren Krisen im Verlauf des Schreibens ertragen und mich darin unterstützt haben, wieder einmal mitten durch alle Widerstände und Zweifel hindurchzugehen und dieses Buch fertigzustellen.

Wie viele könnte ich nun hier aufzählen und doch hätte ich Angst, irgendwen dabei zu vergessen! Ich bin tief dankbar für all diese liebevollen, wertvollen Begegnungen und all die wunder-vollen Menschen in meinem Leben. Danke, dass es euch gibt!

Ein besonderer Dank geht an meine Eltern, ohne die ich gar nicht die Möglichkeit gehabt hätte, mich eine Zeit lang ganz diesem Buch zu widmen, die mich auf meinem Weg so sehr unterstützen und mir den Rücken freihalten. Danke, dass ihr an mich glaubt.